Querido(a),

A você, que comprou este livro, desejo luz, paz, sabedoria e amor. Que a obra escrita por mim e pelos espíritos lhe auxilie em sua evolução espiritual, e que a mensagem aqui contida transforme sua caminhada nesta vida terrena.

São meus sinceros votos,

pelo Espírito LUCAS

EXILADOS DO PLANETA TERRA

Book Espírita Editora

1ª Edição

| Rio de Janeiro | 2023 |

OSMAR BARBOSA

BOOK ESPÍRITA EDITORA

Capa
Marco Mancen

Projeto Gráfico e Diagramação
Alone Editorial

Revisão
Camila Coutinho

Marketing e Comercial
Michelle Santos

Imagens
Depositphotos

Pedidos de Livros e Contato Editorial
comercial@bookespirita.com.br
Wpp 21 99302-4369

1ª edição
Tiragem: 15.000
Prefixo Editorial: 991053
Impresso no Brasil

Dados Internacionais de Catalogação na Publicação (CIP)
(Câmara Brasileira do Livro, SP, Brasil)

Lucas (Espírito)
Exilados do planeta terra / [ditado pelo Espírito] Lucas ; [psicografado por] Osmar Barbosa. -- 1. ed. -- Niterói, RJ : Osmar B. Santos, 2023.

ISBN 978-65-89628-36-1

1. Doutrina espírita 2. Espiritismo 3. Mediunidade 4. Psicografia I. Barbosa, Osmar. II. Título.

23-166401 CDD-133.93

Índices para catálogo sistemático:

1. Psicografia : Espiritismo 133.93

Aline Graziele Benitez - Bibliotecária - CRB-1/3129

Recomendamos a leitura dos outros livros psicografados por Osmar Barbosa para maior familiarização com os Espíritos que estão neste livro.

O Editor.

O autor doou todos os direitos desta obra à
Fraternidade Espírita Amor e Caridade.
www.hospitalamorecaridade.org

Outros livros psicografados por Osmar Barbosa

Cinco Dias no Umbral

Gitano – As Vidas do Cigano Rodrigo

O Guardião da Luz

Orai & Vigiai

Colônia Espiritual Amor e Caridade

Ondas da Vida

Antes que a Morte nos Separe

Além do Ser – A História de um Suicida

A Batalha dos Iluminados

Joana D'Arc – O Amor Venceu

Eu Sou Exu

500 Almas

Cinco Dias no Umbral – O Resgate

Entre nossas Vidas

O Amanhã nos Pertence

O Lado Azul da Vida

Mãe,Voltei!

Depois

O Lado Oculto da Vida

Entrevista com Espíritos – Os Bastidores do Centro Espírita

Colônia Espiritual Amor e Caridade – Dias de Luz

O Médico de Deus

Amigo Fiel

Impuros – A Legião de Exus

Vinde à Mim

Autismo – A escolha de Nicolas

Umbanda para Iniciantes

Parafraseando Chico Xavier

Cinco Dias no Umbral – O Perdão

Acordei no Umbral

A Rosa do Cairo

Deixe-me Nascer

Obssessor

Regeneração – Uma Nova Era

Deametria – Hospital Espiritual Amor e Caridade

A Vida depois da Morte

Deametria – A Desobsessão Modernizada

O Suicídio de Ana

Cinco Dias no Umbral – O Limite

Guardião – Exu

Colônia Espiritual Laços Eternos

Despertando o Espiritual

Por que Você Morreu?

O Diário de um Suicida

Superior Tribunal Espiritual - A Justiça Divina

Um Espírita no Umbral

Conheça um pouco mais de Osmar Barbosa:
www.osmarbarbosa.com.br

Agradecimentos

Agradeço primeiramente a Deus, por ter me concedido esse verdadeiro privilégio de servir humildemente como um mero instrumento dos planos superiores.

Agradeço a Jesus Cristo, espírito modelo, por guiar, conduzir e inspirar meus passos nessa desafiadora jornada terrena.

Agradeço a Lucas e aos demais espíritos, ao lado dos quais tive a honra e o privilégio de passar alguns dias psicografando este livro. Agradeço, ainda, pela oportunidade e por permitirem que essas humildes palavras, registradas neste livro, ajudem as pessoas a refletirem sobre suas atitudes, evoluindo.

Agradeço também à minha família, pela cumplicidade, compreensão e dedicação. Sem vocês ao meu lado, me dando todo tipo de suporte, nada disso seria possível.

E agradeço a você, leitor amigo, que comprou este livro e, com a sua colaboração, nos ajudará a levar a Doutrina Espírita e todos os seus benefícios e ensinamentos para mais e mais pessoas.

Obrigado!

A todos, os meus mais sinceros agradecimentos.

Osmar Barbosa

Sumário

“

Mediunidade é um dom divino,

que divinamente devemos exercer."

“

A vida não se resume a esta vida!

”

Nina Brestonini

Prefácio

Naquele sábado, acordei bem cedo e fui ao mercado fazer algumas compras para a minha casa. Aproveitei e comprei alguns alimentos para doar ao Hospital Amor e Caridade. Eles têm um projeto chamado *Quilo fraterno*, por meio do qual, mensalmente, assistem dezenas de famílias com a entrega de cestas básicas. Comprei também alguns pacotes de fraldas e cremes para assadura, entre outras coisas de que eles também necessitam para o projeto *Aurora Barbosa*. Este, é bem bacana, pois ajuda gestantes em situação de vulnerabilidade, fornece o enxoval completo para o bebê e dá total suporte à mãe e à criança durante seis meses.

Após arrumar tudo em nosso carro, minha esposa e eu decidimos ir até o Hospital Amor e Caridade para deixar as doações de tudo o que conseguimos comprar. Chegamos, descarregamos o carro e, após um curto bate-papo com o pessoal que recebeu a doação, nos dirigimos a um restaurante para almoçar. Estávamos decididos que, após o almoço, iríamos para casa descansar, afinal, no dia seguinte, às sete horas, tínhamos nosso compromisso de caridade no trabalho de atendimento no Hospital Espiritual Amor e

Caridade, local onde exerço minha mediunidade nas salas de cura.

Depois do almoço, fomos para casa. Arrumei as compras no carrinho que fica na garagem, à disposição dos moradores do nosso prédio, levei tudo ao apartamento e deixei na cozinha, para ser guardado no armário de compras.

– Agora, amor, vou tomar um banho e te espero para deitarmos e descansarmos um pouco. Amanhã temos de acordar cedo e ainda temos aquele compromisso hoje à tarde.

Tínhamos marcado de ir ao cinema, pois era sábado– único dia que temos para nós. O restante dos dias é de muito trabalho e dedicação à família, aos filhos e às netas.

– Vou arrumar as compras no armário e já estou indo deitar com você.

Tomei meu banho e coloquei uma roupa mais leve, quando, de repente, levei um susto ao ver que Lucas, meu mentor espiritual, estava de pé na porta do banheiro.

– Lucas?

– Vamos escrever, Osmar?

– Agora?

– Sim. Por que não?

– Eu estava pensando em descansar um pouco.

– Você está cansado?

– Não, mas tenho muitos compromissos amanhã e gostaria de um tempo para repousar.

– Se é o que precisa, pode descansar.

– Preciso mesmo de um descanso... não se chateie comigo, por favor.

– Jamais ficaria chateado com você... vá descansar e depois me encontre. Estarei esperando por você.

Nem preciso falar que não preguei o olho...

Fiquei deitado apenas por alguns minutos, mas minha ansiedade em saber sobre o que escreveríamos não me deixou em paz. Além disso, não acho justo deixar o Lucas me esperando. Quem sou eu para ter essa liberdade? Quem sou eu para deixar um iluminado me esperando? A missão de um médium, a meu ver, é a de estar à disposição dos espíritos amigos sempre que solicitado.

Logo, levantei-me, troquei de roupa e dirigi-me ao escritório para o encontro com meu mentor, para, finalmente, saber o que ele queria de mim. Ao chegar, percebi que ele não estava lá. Foi então que aproveitei para pôr algumas obras iniciadas em ordem.

Costumo separar tudo em pastas: obras iniciadas, esboços, obras terminadas e lançadas, além de obras terminadas e não lançadas. Enfim, são várias pastas nas quais organizo as minhas escritas. Eu sou muito organizado, aprendi isso quando trabalhava em banco. Trabalhei em alguns quando era moço – um sonho de criança que realizei aos 20 anos.

– Vou aproveitar quando o Lucas chegar para perguntar a ele como e por que algumas obras são iniciadas e interrompidas por eles e, posteriormente, retomadas. Isso é muito comum – pelo menos comigo isso acontece com frequência.

As psicografias são um grande mistério para mim. A maioria delas acontece muito rapidamente. As psicografias de um livro duram, em média, dez dias. É rápido, pois é uma entrega total. Os espíritos iluminados não me deixam parar e, quando consigo negociar o descanso, não passa de três dias; logo eles voltam a me procurar. Às vezes, eu penso que a minha vida não me pertence mais, e sim aos espíritos.

Mas sou feliz com isso… sou feliz assim.

Em algumas obras interrompidas pelos mensageiros, eles demoram meses ou até anos para me procurarem novamente para retomarmos a escrita. Foi o caso, por exemplo, do livro *A Garota do Balão*: a psicografia foi iniciada em 2017, sendo retomada somente agora, em 2023, quando Nina me procurou e concluímos a obra.

Enquanto esperava pelo Lucas, separei alguns livros da pasta "Lucas" na tela do computador. Deixei tudo pronto e fiquei à espera do amigo espiritual. Eu tenho pastas com os nomes dos mentores. Pasta "Lucas", pasta "Nina", pasta "Daniel", e por aí vai…

Hoje, tenho aproximadamente trinta livros guardados em pastas. Como mencionei anteriormente, são livros iniciados, prontos e ainda não lançados, além de outros que só tenho o esboço da obra. Um livro não é algo simples de se fazer: exige dedicação, organização, tempo e coragem. Podem acreditar… coragem.

Alguns desses livros, vocês vão receber em breve, mas outros dependem da editora. Por mim, lançaria um por dia, porque não acho justo guardar as mensagens do Além por muito tempo.

Aprendi com os espíritos que nada do que aprendemos com eles deve ficar guardado por muito tempo, pois se algo acontecer comigo e eu não tiver divulgado para todos o que foi a mim revelado, essas revelações morrerão comigo, e isso não é justo com nenhuma das partes envolvidas. Por isso, sou um livro aberto…

Eu estava distraído arrumando as pastas, quando o Lucas chegou.

– Olá, Osmar!

– Oi, Lucas.

– Desculpe a demora.

– Não tem do que se desculpar, Lucas. Eu é que peço desculpas por não atender ao seu chamado imediatamente. Fiquei chateado comigo mesmo por pedir um tempo para o descanso.

– Não fiquei aborrecido, eu compreendo. Está tudo pronto para darmos início a mais um livro?

– Sim, claro! Qual deles você quer continuar?

– Hoje nós vamos escrever um novo livro.

– Sério?

– Sim.

– Você sabe que temos alguns iniciados e que precisamos terminar, não sabe?

– Sei, sim. Mas hoje daremos início a outro livro.

– Desculpe-me o que vou perguntar, Lucas, mas por que vocês iniciam alguns livros e param de transmiti-lo depois?

– Porque você ainda não está preparado para receber a obra completa.

– Sério?

– Sim. Eu preciso que você esteja bem para levá-lo a determinados lugares que exigem que o médium esteja em bom estado energético, mental e psíquico. E claro, em sintonia espiritual com o que iremos relatar e mostrar.

– Então é por isso que alguns livros são interrompidos?

– Sim. Esperamos até que você esteja preparado para darmos continuidade às revelações. Algumas vezes, necessitamos de um tempo mais longo, e esse tempo é necessário até que o médium se conecte ao que desejamos que ele aprenda e se conscientize antes de escrever. Não dá para levar você, em desdobramento, a algo com o qual você nunca tenha tido contato, pois sua curiosidade (ou até mesmo sua incredulidade) pode nos atrapalhar.

– Desculpe as minhas falhas, Lucas.

– Não tem do que se desculpar. Tem é que escrever.

– Pensando bem, acho que você tem razão. Tem épocas em que não estamos bem mesmo. Estamos encarnados e as dúvidas são constantes em nosso íntimo.

– Mas tudo tem o tempo certo para acontecer, por isso somos pacientes e esperamos pelo seu melhor momento para darmos continuidade a alguma obra. O que vocês não sabem e precisam saber é que, dependendo do que vamos revelar, precisamos conduzir o médium várias vezes através da intuição, dos sonhos ou até daquilo que vocês acham ser acasos, mas que, na verdade, somos nós intuídos dentro do processo de preparo do médium para atingirmos nosso objetivo. Usamos informações vindas de várias partes a fim de que o médium comece a se relacionar com as revelações que o livro trará, facilitando, assim, o entendimento. Ambientamos vocês com aquilo que iremos revelar.

– Eu já havia desconfiado disso, Lucas, porque aparecem imagens em determinados momentos da minha vida que, embora eu saiba que são trazidas pelos espíritos, não consigo relacioná-las ao que estou vivendo, nem ao cotidiano da vida. São imagens lindas e outras nem tanto.

– Nós só precisamos de algumas coisas de vocês para que tudo se complete, Osmar. O médium tem que entender que ele é um aparelho receptor que precisa estar em perfeita sintonia para que tudo se complete. Deve seguir a vida de encarnados normalmente, mas a conexão espiritual deve estar acima de todas as outras coisas.

– O que vocês precisam de nós, Lucas?

– Humildade, sabedoria, dedicação, amor e disciplina.

– Foi exatamente isso que Emmanuel disse para Chico.

– O que Emmanuel disse para o Chico?

– Disciplina, Chico, disciplina.

– Pelo visto, o médium seguiu a orientação correta do seu mentor espiritual.

– Sim, o Chico escreveu mais de 500 livros. Ele transformou o espiritismo. O que seria de nós se não houvesse Chico Xavier…

– Disciplina, Osmar, disciplina.

– Já sei onde você quer chegar e prometo me dedicar mais.

– Somos pacientes, como já disse.

– Obrigado por você me permitir ser instrumento dessas mensagens, Lucas.

– Volto a dizer: não agradeça, Osmar, escreva.

– Estou pronto. Sobre o que iremos escrever agora?

– O Exílio do Planeta Terra.

– Como assim? Exílio do nosso planeta?

– Você irá comigo e poderá relatar tudo o que vamos lhe dizer e mostrar sobre a Nova Era, sobre a Era da Regeneração e seus efeitos. Como todos vocês sabem, o planeta Terra adentra em um novo tempo e em uma nova dimensão espiritual, e você poderá escrever sobre o que vai acontecer com os espíritos que serão exilados do seu planeta, falando para onde irão e discorrendo sobre o esvaziamento dos umbrais.

– Para onde serão levados esses irmãos, Lucas? E como assim "umbrais"?

– Há três níveis de umbrais dentro do que chamamos de Umbral. O primeiro é o baixo Umbral; o segundo, o médio Umbral; e o último é o alto Umbral.

– Eu sempre desconfiei disso enquanto psicografava com vocês... eu realmente percebia que havia diferença entre os umbrais. Nunca tive coragem de perguntar, mas agora que você me disse isso... quando estávamos psicografando o livro *Aconteceu no Umbral*, percebi que o lugar era muito diferente, por exemplo, de quando escrevi o livro *Cinco Dias no Umbral*.

– Realmente, são lugares muito diferentes. No primeiro livro, nós estávamos no baixo Umbral, e, no livro em que você escreveu com a Nina, vocês foram ao médio Umbral. Quando você está conosco nas colônias espirituais, você está, na verdade, no alto Umbral. As diferenças são perceptíveis. Basta ficar atento.

– As colônias ficam no Umbral?

– Sim, no alto Umbral. O Jonas vai te explicar isso.

– Meu Deus! E eu achando que as colônias ficassem no céu.

– O que é o céu para você, Osmar?

– Ah… sei lá, Lucas. Na verdade, o céu é uma expressão católica.

– Tudo no Universo é separado por dimensões. Aprenda isso.

– Ok, dimensões… dimensões espirituais? É isso?

– Exatamente. É assim que tudo está organizado.

– E qual Umbral será esvaziado primeiro, Lucas?

– O primeiro a ser esvaziado será o baixo Umbral.

– Meu Deus! E agora? O que vai acontecer com esses espíritos? Para onde irão?

– Você poderá relatar, tenha calma. Vamos lhe mostrar e explicar tudo.

– Você pode nos explicar por que e como tudo isso vai acontecer? Perdoe-me a ansiedade, Lucas, mas… esvaziamento do Umbral? Eu até já ouvi falar sobre essa possibilidade, mas, vindo de você, não tenho nenhuma dúvida de que se tornará realidade.

– Eu vou explicar. Tenha calma e escreva agora o que vou lhe dizer.

– Deixa comigo.

– De tempos em tempos, Osmar, todas as galáxias são transformadas. Elas, como toda a Criação, seguem o roteiro natural (pois todas as Leis são Naturais e imutáveis) de readaptação às novas dimensões espirituais, que se modificam dentro do projeto evolutivo da Criação e dos Mundos

Habitados. Tudo se aperfeiçoa. Comece a colocar isso em sua mente: tudo se aperfeiçoa e cada coisa em seu tempo. Todas as Leis respeitam isso.

Tudo se modifica de tempos em tempos. Essa é a forma mais simples de explicar o que está acontecendo atualmente e o que vai acontecer com o seu planeta muito em breve. É como uma árvore que nasce de uma semente e cresce até chegar ao ponto do fruto, gerando novas sementes. Por fim, com o passar de longos anos, essa árvore morre. Tudo dentro da Criação Divina (mas tudo mesmo) segue esse roteiro: nascer, crescer e morrer, para renascer e cumprir com o mesmo ciclo. Basta acreditar nisso para que você participe de todo o processo sem sofrer, porque os que não se conscientizam de que são sementes valiosas e de que o projeto é dar frutos aperfeiçoados deixam de cumprir esse roteiro, seguindo para outros estágios da evolução. Deixam de ser sementes e passam a integrar o grande projeto Universal.

Aqueles que não se adaptam a essa Lei Natural são naturalmente exilados para outro ambiente, onde todos estão iniciando essa caminhada. Ou seja, voltam a ser simples sementes em solo fértil da iniciação evolutiva.

O que acontece, Osmar, é que, frequentemente, essa árvore que, por muitas vezes, cumpriu esse roteiro, ela aprende a extrair desse processo infinito a condição de se tornar finito. Ou seja, aprende a sair desse cronograma existencial, desse ciclo no qual tudo recomeça após o final.

Assim, essas sementes – que agora chamaremos de *espíritos puros* – seguem para as vidas superiores, onde os processos são um pouco diferentes desses que chamamos de provas e expiação. Ao chegar nesses universos "mais perfeitos", os espíritos se comprazem e extraem dessas regiões espirituais sabedoria e grandeza suficientes para viverem melhor, onde o amor, a bondade e a caridade integralizam o Ser Existencial.

O espírito deixa de reencarnar, Osmar, quando consegue acesso às regiões superiores. Então, passa a viver na condição de espírito eterno, habitando outros orbes e outras dimensões espirituais, de onde extrai mais conhecimento, mais sabedoria e mais intelectualidade. Após essas conquistas, ele está apto para acessar planos ainda mais superiores, e essa escala – se assim podemos chamar – é infinita. Isso é o que conhecemos hoje.

E é isso o que está começando a acontecer com o planeta Terra. Agora, Osmar, esses irmãos que não conseguiram evoluir serão exilados para outros planetas habitados, ou para aqueles que receberam os primeiros espíritos para encarnarem na forma primitiva. Aqueles espíritos que estão aqui por milênios, virando árvores sucessivamente sem dar frutos, sem sequer entenderem que são árvores. É desses que estamos falando.

É preciso arar o solo para que as novas sementes germinem em uma terra fértil, onde o amor se sobreponha à maldade e a felicidade espiritual seja plena. É chegada a Nova Era, o novo tempo. Para que tudo se cumpra, é chegada a hora da reorganização. A hora da separação do joio do trigo, prometida pelo Messias quando esteve entre vocês.

"Deixai-os crescer juntos até a colheita e, no tempo da colheita, direi aos ceifeiros: ajuntai primeiro o joio, atai-o em feixes para ser queimado; mas o trigo, recolhei-o no meu celeiro" Mateus 13;30.

– Quer dizer que muitos serão ceifados?

– Chegou a hora da separação, não há mais tempo a perder. Os umbrais serão esvaziados desses espíritos, até que se reúnam novamente aqueles que permanecerão aqui e não acompanharão o processo pelo qual o planeta Terra adentra, e que, no futuro, se transformará de novo, evoluindo sempre.

– Meu Deus! Você pode explicar quais são as etapas evolutivas do nosso planeta, Lucas?

– Sim. A primeira etapa é chamada de mundos primitivos. A segunda, de mundos de expiação e provas, a qual vocês estão deixando. A terceira, de mundos de regeneração, estação que atualmente adentra o seu planeta. A quarta etapa é a dos mundos ditosos; e, por fim, Celeste ou Divino, como preferir.

– O planeta evolui conforme os espíritos?

– Não. O planeta cumpre os ciclos evolutivos da Lei Natural. Infelizmente, muitos espíritos não acompanham a evolução do planeta. Por esse motivo, são exilados para planetas que estejam em conformidade com o seu estado psíquico espiritual.

– Deus é perfeito. Não acha, Lucas?

– É Ele quem ordena tudo e toda a Criação, Osmar. Sendo perfeito, onisciente, amoroso e misericordioso, nada mais justo que realocar seus filhos em novas salas de aula. Em escolas que estejam de acordo com o nível intelectual e moral de cada um. Por isso, muitos deixarão a Terra e reencarnarão em outros planetas.

– E para onde irão esses espíritos? Quer dizer... você sabe em quais planetas eles irão renascer?

– Vamos explicar tudo no decorrer da psicografia, fique tranquilo.

– Certo. E quais serão os espíritos que reencarnarão na Terra?

– Vou explicar um pouco mais sobre o que está acontecendo e o que irá acontecer daqui por diante. Ok?

– Vamos em frente, Lucas.

– No mundo de regeneração, aquele que vocês começaram a experimentar, o homem ainda é falível. Não se iluda achando que tudo será um paraíso... não será.

O espírito do mal ainda não perdeu completamente o domínio sobre vocês. Não avançar é recuar. Se vocês não estiverem firmes no caminho do bem, poderão cair novamente em mundos de expiação, onde novas e mais terríveis provas estarão esperando por vocês.

A Terra será um mundo regenerado por volta de 2257. Porém, para que vocês possam entender esta obra e essa questão, precisamos, inicialmente, entender a categoria que ocupa o planeta de vocês na hierarquia dos mundos habitados.

– Entendi.

– Agora, vou detalhar mais um pouco tudo o que falei, para que todos fiquem cientes do compromisso necessário que devem assumir consigo mesmos, para não serem exilados e afastados daqueles que tanto amam.

Como já dissemos em algumas obras publicadas – inclusive por você, no livro *Regeneração: uma Nova Era* –, os mundos são acessíveis aos espíritos, conforme o seu grau de evolução. Embora não seja possível fazer uma classificação absoluta dos diversos mundos, pode-se, em virtude do estado em que se acham e da destinação que trazem, tomar por base os matizes mais destacados. De modo geral, eles são divididos da seguinte maneira:

<u>Mundo primitivo</u>: destinado às primeiras encarnações da alma humana.

<u>Mundos de expiação e provas</u>: onde domina o mal.

<u>Mundos de regeneração</u>: nos quais as almas que ainda têm o que expiar haurem novas forças, repousando das fadigas da luta.

<u>Mundos ditosos</u>: onde o bem sobrepuja o mal.

<u>Mundos Celestes ou Divinos</u>: habitações de espíritos depurados, onde reina exclusivamente o bem.

A Terra, segundo essa classificação, pertence à categoria dos mundos de expiação e provas. Agora, ela está sendo preparada para ingressar na categoria de mundo de regeneração, em função da Lei do Progresso, como disse, a Lei Natural.

– Eu estudei algo sobre isso n'*O Evangelho Segundo o Espiritismo*, no qual Santo Agostinho nos esclarece, com sabedoria, a respeito desse momento em que estamos adentrando.

– O que diz o mensageiro? – questionou Lucas.

– Ele diz: "*o progresso é Lei da Natureza. A essa lei, todos os seres da Criação, animados e inanimados, estão submetidos pela bondade de Deus, que quer que tudo se engrandeça e prospere...*

Ao mesmo tempo, em que todos os seres vivos progridem moralmente, progridem materialmente os mundos em que eles habitam. Quem pudesse acompanhar um mundo em suas diferentes fases, desde o instante em que se aglomeraram os primeiros átomos destinados e constituí-lo, vê--lo-ia percorrer uma escala incessantemente progressiva, mas de degraus imperceptíveis para cada geração, e a oferecer aos seus habitantes uma morada cada vez mais agradável, à medida que eles próprios avançam na senda do progresso.

Marcham, assim, paralelamente, o progresso do homem, o dos animais, seus auxiliares, o dos vegetais e o da habitação, porquanto nada na Natureza permanece estacionário.

Segundo aquela lei, este mundo esteve material e moralmente num estado inferior ao em que hoje se acha e se alçará sob esse duplo aspecto a um grau mais elevado".

E Santo Agostinho conclui afirmando: *"Ele (o planeta Terra) há chegado a um dos seus períodos de transformação, em que, de orbe expiatório, mudar-se-á em planeta de regeneração, onde os homens serão ditosos, porque nele imperará a lei de Deus".*

Ele, inclusive, nos alerta sobre os espíritos que vão permanecer na Terra.

– Continue, Osmar. Você está indo muito bem.

– Obrigado, Lucas. Então, vamos lá.

Segundo o Espírito São Luís, ao responder à questão 1.019, d'*O Livro dos Espíritos*, formulada por Allan Kardec, a seleção dos espíritos que ficarão na Terra será feita da seguinte maneira:

"O bem reinará na Terra quando, entre os espíritos que vêm habitá-la, os bons predominarem. Isso porque farão com que aí reinem o amor e a justiça, fonte do bem e da felicidade. É por meio do progresso moral e praticando as leis de Deus que o homem atrairá os bons espíritos para a Terra e dela afastará os maus. Estes, porém, não a deixarão, a não ser quando daí estiverem banidos o orgulho e o egoísmo.

Predita foi a transformação da humanidade e vocês se avizinham do momento em que esse momento ocorrerá, cuja chegada apressam todos os homens que auxiliam o progresso. Essa transformação se dará por meio da encarnação de espíritos melhores, os quais constituirão uma geração nova na Terra.

Então, os espíritos dos maus vão sendo ceifados pela morte dia a dia, e todos os que tentem deter a marcha das coisas serão daí excluídos, pois estariam deslocados dos homens de bem, cuja felicidade perturbariam. Esses espíritos maus irão para mundos novos e menos adiantados para desempenhar missões penosas, trabalhando pelo seu próprio adiantamento; ao mesmo tempo, trabalharão pelo de seus irmãos ainda mais atrasados".

– Muito bem, Osmar.

– Obrigado, Lucas! Agora, você poderia me dizer quais serão os espíritos que não mais reencarnarão aqui?

– Para que o seu planeta se transforme em um planeta feliz (regenerado), é preciso que ele seja habitado somente por espíritos bons, sejam encarnados ou desencarnados. Espíritos que só se dediquem ao bem. É importante que todos vocês saibam que não são apenas os encarnados que precisam ser melhores. Nas cidades espirituais que circundam o orbe terreno, também devem existir colônias regeneradas, onde vivam somente espíritos bons. É por isso que os umbrais começam a ser esvaziados, pois esses mesmos umbrais precisam receber espíritos melhores. Afinal, estamos todos em evolução e, mesmo que vocês não percebam, estamos nos ajudando mutuamente.

– Meu Deus, coitados daqueles que não compreendem a existência de Deus e daqueles que não acreditam na vida após a vida.

– Quantos livros já trouxemos da vida espiritual para vocês? Quantas provas, quantas informações, quantos milagres… o próprio Jesus esteve entre vocês para direcioná-los… foram tantas as informações, tantas evidências, tantas verdades, que, infelizmente, somente os rudes e os mais ignorantes não as absorvem. E não pense que Deus está castigando seus filhos, Ele não tem sentimentos humanos. Deus é Deus, age e pensa como Deus, e sendo Ele a perfeição, oportuniza a seus filhos a possibilidade de ingressarem em novas escolas, nas quais será possível extrair todas as experiências necessárias à evolução.

– Eu sei, Lucas, somente lamento tanto tempo desperdiçado na maldade e no desamor.

– Osmar, chegado o tempo, grande emigração se verifica entre os que habitam seu planeta e os umbrais que o circundam. Os infelizes irmãos que ainda praticam o mal serão tocados pelo sentimento do bem, e, aqueles que não são dignos do vosso planeta, serão excluídos do convívio daqueles que permanecerão aqui. Não pode mais haver perturbação e confusão, pois constituem obstáculos ao progresso de todos.

Esses infelizes irmãos vão expiar conforme o endurecimento de seus corações: alguns, em mundos inferiores; outros, em raças terrenas ainda atrasadas, em mundos mais inferiores, aos quais levarão daqui os conhecimentos adquiridos, tendo por missão fazê-los avançar. À medida que esses irmãos forem evoluindo, serão substituídos por espíritos melhores, que farão a justiça, a paz e a fraternidade reinarem. Esse é o processo natural ao qual todos os espíritos estão intrinsecamente ligados.

– É muito importante que todos saibam disso, Lucas.

– E mais: no dizer dos espíritos, a Terra não deverá se transformar por meio de um cataclismo que aniquile de súbito uma geração. É bom que todos saibam que a evolução não dá saltos: todos passam pelos processos naturais. A atual, desaparecerá gradualmente, e, a nova, lhe sucederá do mesmo modo, sem que haja mudança alguma na ordem natural das coisas. Não esperem grandes tragédias, pois *"Deus não age por exibição, e sim, por simplicidade"*.

Tudo, pois, se processará exteriormente, como de costume, mas com uma única e capital diferença: uma parte dos espíritos que encarnava na Terra, aí não tornará a encarnar. Em cada criança que nascer, em vez de um espírito atrasado e inclinado ao mal, que antes nela encarnaria, virá um espírito mais adiantado e propenso ao bem.

Trata-se, pois, muito menos de uma nova geração corpórea do que de uma nova geração de espíritos. Sem dúvida, é nesse sentido que Jesus entendia as coisas quando declarava: *"Digo-vos, em verdade, que esta geração não passará sem que estes fatos tenham ocorrido"*. Assim, os que esperam ver a transformação operar efeitos sobrenaturais e maravilhosos ficarão bastante decepcionados.

A época atual é de transição; os elementos das duas gerações se confundem. Colocados no ponto intermediário, assistimos à partida de uma geração e à chegada da outra, já assinalando cada uma pelas características que lhes são peculiares.

As duas gerações que se sucedem têm ideias e pontos de vista opostos. Pela natureza das disposições morais e, sobretudo, das disposições intuitivas e inatas, torna-se fácil distinguir a qual das duas pertence cada indivíduo. Cabendo-lhe fundar a era do progresso moral, a nova geração se distingue por ter inteligência e razão geralmente precoces, aliadas ao sentimento inato do bem e a crenças espiritualistas. Isso constitui sinal indubitável de certo grau de adiantamento anterior.

Ela não será eminentemente composta de espíritos superiores, mas dos que, já tendo progredido, acham-se predispostos a assimilar todas as ideias progressistas e estejam aptos a secundar no movimento de regeneração.

Ao contrário: o que distingue os espíritos atrasados é, em primeiro lugar, a revolta contra Deus, por se recusarem a reconhecer um poder superior aos poderes humanos. Em seguida, a propensão instintiva para as paixões degradantes e para os sentimentos de egoísmo, de orgulho, de inveja e ciúme. Por isso, os espíritos atrasados se apegam a tudo o que é material: a sensualidade, a cupidez e a avareza.

– Como é bom ser o portador dessas orientações, Lucas. Não tenho palavras para agradecer a todos vocês por esses esclarecimentos.

– Não agradeça.

– Já sei: "escreva!".

– Osmar, lembre-se sempre das palavras proféticas do nosso irmão Jesus, quando disse: "*Bem-aventurados os que são brandos e pacíficos, porque eles habitarão a Terra.*".

– Que lindo, Lucas! Lembro-me perfeitamente das orientações de Jesus. Aliás, sou seguidor do Mestre Nazareno.

– Ao dizer isso, Jesus não está exigindo a perfeição de nenhum de seus irmãos. O que Ele quer nos dizer é que é pacificamente que herdarás a Terra.

– Perfeito, Lucas.

– Vamos à psicografia?

– Sim. Vamos todos aprender tudo sobre o futuro do nosso planeta neste livro, que chamaremos de *Os Exilados do Planeta Terra*.

– Vamos em frente! – disse Lucas.

Naquele momento, em desdobramento, eu o segui até o Umbral.

“

Bem-aventurados os que choram, porque eles serão consolados.

”

Mateus 5:4

O desdobramento

Como vocês sabem, meus leitores e amigos, todos os livros que escrevo, faço-os em desdobramento. Portanto, para você que chegou aqui pela primeira vez, vale a pena explicar um pouco mais sobre esse tipo de fenômeno, pois é dessa forma que me conecto com os meus mentores e psicografo todas as obras já publicadas– e outras que ainda chegarão até vocês.

Na minha infância, eu tinha muita dificuldade para entender os fenômenos que, frequentemente, aconteciam comigo. Eu via espíritos constantemente, conversava com eles, brincava com alguns e, por muitas vezes, fugia de outros, pois a aparência deles me assustava (eram horripilantes). Eu era apenas uma criança e não conseguia compreender muito bem por que isso acontecia comigo.

Com o passar do tempo, comecei a ouvir mais os meus amigos espirituais; foi quando eles passaram a me orientar. Foi a partir daí que compreendi o fenômeno do desdobramento. Sinto-me privilegiado, embora mediunidade não seja privilégio, mas uma missão a ser cumprida.

Dia desses, perguntei ao Lucas se a mediunidade é uma doença. Ele me disse que mediunidade não é doença, mas que, em alguns casos, pode adoecer. Então, perguntei:

– Em quais casos, Lucas?

– A mediunidade pode causar doenças quando mal exercida, não exercida ou desprezada.

Os espíritos me dizem que "*mediunidade é um dom divino, que divinamente devemos exercer.*". Por isso, aconselho sempre as pessoas a estudarem muito e a estabelecerem logo uma conexão espiritual de forma correta, para extraírem dela os benefícios do serviço no bem.

"*Tudo o que entregamos ao Universo, ele nos devolve em igual porção.*"

Em termos espíritas, o desdobramento é uma faculdade anímica em que o espírito encarnado se desliga parcialmente do seu corpo físico e viaja até os planos espirituais. Esse processo pode ocorrer com ou sem transe. É uma capacidade intrínseca ao ser humano, que, ao longo da evolução da espécie, desenvolveu a possibilidade de se desembaraçar do corpo material, dentro de certos limites, adquirindo alguma sensação de liberdade.

A faculdade de desdobramento é muito utilizada nas reuniões mediúnicas modernas. Através da concentração dos pensamentos, o sensitivo entra em uma espécie de transe, que possibilita esse desprendimento parcial do espírito, e se coloca em condições de exercer tarefas de auxílio, geralmente orientado pelos Espíritos Instrutores.

Dessa forma, muitas vezes ele é colocado em contato com espíritos sofredores, os quais necessitam de uma palavra amiga e consoladora, ou mesmo de um tratamento através das energias do sensitivo. Essas suas energias têm uma densidade adequada a esse tipo de atendimento pela sua condição de encarnado, assim como para escrever livros e mensagens de amigos do plano maior.

Apesar de muitos se referirem ao desdobramento como mediunidade, ele é um fenômeno anímico. Para usar o linguajar de Allan Kardec: é um fenômeno de emancipação da alma. A mediunidade consiste numa intermediação entre os espíritos desencarnados e o mundo material. Desdobrar-se, *grosso modo*, significa "sair do corpo". Esse simples fato não o torna médium se você não se constitui em transmissor de qualquer informação enviada do plano espiritual para o ambiente terreno.

Pode ser considerado uma espécie de mediunidade quando o sensitivo, durante o desprendimento, mantém um contato com a Espiritualidade, recebendo de lá comunicações que devem ser enviadas aos encarnados – que é o meu caso. O desdobramento não ocorre apenas nas reuniões mediúnicas. É fenômeno corriqueiro e acontece com as pessoas, em geral, todas as vezes que dormimos.

Ele é o preâmbulo do sono. Quando o corpo adormece para o necessário repouso, o espírito desligado parcialmente dele, vai a diversos lugares para realizar as atividades que estejam em afinidade com as suas motivações íntimas. Para que ele entre no estado de sono, antes, precisa desdobrar-se, ou seja, afastar-se vibratoriamente do corpo biológico.

A mediunidade – seja na modalidade de psicofonia, psicografia, audiência, vidência, desenho ou pintura etc. – também exige um desdobramento.

Em seu organismo, o médium tem a facilidade de, ao entrar em estado de transe, desvencilhar-se do seu corpo em maior ou menor grau, conforme as características da sua faculdade mediúnica. Isso ocorre a fim de dar, ao espírito comunicante, a oportunidade de se assenhorear, o que é feito por meio de uma expansão dada ao seu perispírito dos implementos perispirituais e, na sequência, cerebrais do médium.

O sonambulismo, bem como a dupla vista, a letargia, a catalepsia e o êxtase, são classificados por Allan Kardec como fenômenos de emancipação da alma, tendo o desdobramento como condição para acontecerem. Às vezes, como na dupla vista, esse deslocamento do espírito (sempre com o perispírito) é imperceptível, mas suficiente para fazê-lo enxergar além da realidade física presente.

Há outras situações em que o desdobramento ocorre: no coma, durante o uso de algumas drogas alucinógenas, em certos estados psíquicos classificados como catatonia, e outros em que há um alheamento em relação ao meio externo.

Deus, na sua sabedoria e bondade, concedeu, ao homem, a capacidade de, vez ou outra, retemperar-se no mundo espiritual através da faculdade do desdobramento. Assim, ele recobra parte das suas faculdades de espírito, como se estivesse descansando da rudeza da vida na matéria e absorvendo as energias mais sutis, necessárias ao seu refazimento para continuar o aprendizado aqui na Terra.

Vivendo no ambiente terreno em meio às dificuldades e aos desafios diários, imerso na atmosfera densa da matéria, o homem pode se aliviar dessas lutas desacoplando-se temporariamente do organismo físico. Com isso, ele retorna ao mundo espiritual, e tem contato com espíritos esclarecidos que o orientam, direcionando-se melhor no caminho do progresso.

Eu sou eternamente grato por ter essa condição e, através dela, conseguir repassar a vocês as informações que constam nas obras psicografadas. Confesso que, por vezes, me sinto realmente como um lápis nas mãos dos espíritos, além de ser muito gratificante receber, diariamente, as mensagens de gratidão que recebo de vocês por ser o mensageiro que instrui e esclarece a tantas pessoas o que de fato acontece conosco na vida após a vida.

Nesta obra, tive momentos muito difíceis, pois os lugares que visitei são de muito sofrimento, e ver o sofrimento alheio não é algo que me deixa feliz. Devemos sempre dedicar a nossa mediunidade ou os nossos dons, que são oferecidos a nós pelos mestres de luz, como forma de sermos úteis à sociedade em geral e, dessa forma, cumprir com os propósitos encarnatórios.

Acredito, sinceramente, que tudo o que eu passo na vida tem objetivos evolutivos. O fato de ser médium não me exime de passar por situações, às vezes, revoltantes, mas são as experiências de encarnado que me possibilitam evoluir.

Venha comigo e com o Lucas vivenciar uma experiência única, a qual certamente lhe trará outro olhar a respeito da vida dos espíritos e sobre o que você está fazendo com a sua vida hoje.

Venham para o livro *Os Exilados do Planeta Terra*.

Osmar Barbosa

“

Sempre que puder, ame incondicionalmente.

”

Nina Brestonini

Jonas

Chegamos a um dos portais do Umbral. Lucas estava calmo e parou diante de um enorme arco em fogo. Os portais são como aberturas entre dimensões. No espaço que conhecemos, temos alguns como buracos negros. A única diferença é que o portal do Umbral é rodeado por fogo ardente. No entanto, por incrível que pareça, não é quente e não queima (como dizem em algumas religiões).

– Algum problema, Lucas?

– Temos que esperar. Não podemos entrar ainda.

Calei-me e permaneci de pé ao seu lado, observando aquela beleza toda. Naquele momento, tomei um enorme susto: do espaço que havia entre a dimensão em que estávamos e o portal do Umbral, vi chegar uma enorme nave. Na verdade, um *aerobus* de proporções gigantescas.

Antes de adentrar no Umbral, o veículo fez uma parada, como se esperasse uma autorização para transpor o portal. Fiquei paralisado olhando para ele, admirado. Primeiro, com o tamanho; segundo, com a beleza daquele veículo cinza com inúmeras luzes coloridas que acendiam e apagavam formando um arco-íris a sua volta.

Olhei para o Lucas impressionado com o que ele me permitia ver. Serenamente, ele me olhava como se me dissesse: "fique calmo e aproveite a visão".

Após alguns minutos, o *aerobus*, em alta velocidade, adentrou no Umbral, deixando-nos ainda mais impressionados com sua beleza e sua velocidade.

– Lucas, eu estou ficando doido ou acabo de ver uma nave espacial?

– Vocês chamam de nave espacial; nós chamamos de *aerobus*.

– Sim, conhecemos como naves espaciais.

– Chame como quiser. Elas são muito comuns nas colônias espirituais, pois são veículos necessários aos irmãos que ainda não conseguiram a condição espiritual que lhes permite volitar.

– Por que essa nave entrou no Umbral?

– São esses os veículos que estamos usando para levar nossos irmãos para outras dimensões, outros planetas, outras galáxias.

– Vou te dizer uma coisa, Lucas: no livro *Regeneração*, que tive o privilégio de psicografar com o Jonas, ele relata que os objetos voadores não identificados – OVNIs (ou naves espaciais) se tornariam muito comuns a partir do ano de 2023. E olha que estamos no início de 2023 e estamos tendo muitos avistamentos de objetos não identificados em todos os países. Inclusive, alguns estão sendo abatidos por aviões modernos.

– Na verdade, eles estão se deixando abater para que vocês se acostumem com o futuro próximo, quando milhares de *aerobus* sobrevoarão o planeta Terra nos resgates que serão feitos por um longo período. Afinal, bilhões de espíritos serão exilados.

– Você sabe o número de espíritos que deixarão a Terra?

– Aproximadamente, 21 bilhões.

– Vinte e um bilhões, Lucas?

– Aproximadamente, podendo ser mais ou menos que isso. Só depende de vocês que esse número se modifique.

– Como assim, só depende de nós?

– Veja quem está chegando…

Olhei para o meu lado direito e vi quando Jonas se aproximava de nós. Ele me cumprimentou com um aperto de mão.

– Como vai, Osmar?

– Estou bem, Jonas. E você?

– Estamos sempre bem.

Jonas, então, abraçou Lucas, e eles se cumprimentaram como velhos amigos.

– Como está, meu amigo?

– Muito trabalho – disse Jonas sorrindo para Lucas.

– Osmar, nós vamos juntos nessa psicografia. Você se importa?

– Claro que não, Jonas. Para mim, é um privilégio estar ao lado de vocês, nem sei o que falar... fico até emocionado.

– Não diga nada.

– Já sei, Jonas. Escreva.

– Ainda bem que você já sabe.

Risos...

– Jonas, preciso apresentar você para os meus leitores. Você se importa?

– Claro que não.

Bem, pessoal, Jonas aparenta uns 70 anos. Ele tem cabelos longos e brancos jogados sobre o ombro e, na ocasião, vestia uma roupa branca que lhe cobria todo o corpo. Carregava, no peito, um colar brilhante com um crucifixo de tamanho médio. Sua aura iluminava todo o ambiente. Naquele momento, nem parecia que estávamos nos portais do Umbral.

Eu fiquei bem impressionado com Jonas quando o conheci na psicografia do livro *Regeneração*, e, dessa vez, não foi diferente. Pedi a ele que explicasse o motivo pelo qual sempre fico assim quando estou perto dele.

– Jonas, você pode explicar para os nossos leitores quem é você?

– Sim, Osmar, com prazer. Eu me chamo Jonas, sou trabalhador de uma dimensão muito distante e ainda incompreensível para muitos de vocês. Não acho justo falarmos sobre algo que vocês ainda não compreendem, embora existam algumas informações relevantes sobre as dimensões espirituais que circundam o planeta Terra. Na verdade, todos os planetas habitados estão envoltos por dimensões evolutivas. Falaremos muito a respeito disso durante essa psicografia, e acredito que o Lucas já tenha dito algo para vocês.

– Sim, o Lucas já nos contou um pouco sobre as dimensões espirituais, mas ele não se aprofundou no assunto.

– Então, vamos nos aprofundar para que todos tenham conhecimento.

Voltamos aos meus questionamentos sobre quem é Jonas.

– Jonas, posso saber um pouco mais sobre você?

– Sim. O que você quer saber?

– Coisas como, quem é, onde vive… essas coisas. É que, sempre que escrevo, apresento aos meus leitores o espírito que está se comunicando. Entende?

– Sim. O que mais você quer saber? – ele não parecia irritado.

– Você já me disse que é de uma dimensão distante, nós vamos falar sobre isso. O que eu gostaria de saber é o seguinte: você já viveu na Terra?

– Sim.

– Faz muito tempo ?

– Sim, bastante tempo.

– Você se lembra?

– Sim, uma das minhas últimas encarnações na Terra foi no ano 970 antes de Cristo. Depois dessa encarnação, passei a viver nas esferas espirituais e continuei evoluindo até chegar onde estou.

Naquele momento, me veio a lembrança do Jonas do Antigo Testamento, e eu não poderia deixar passar aquela oportunidade, então, logo perguntei.

– Você é o Jonas do Antigo Testamento?

– Sim, mas muita coisa que está escrita eu não vivi.

– Você se lembra dessa vida?

– Perfeitamente. Foi uma encarnação muito importante para mim. Como eu poderia esquecer?

– Diz a Bíblia que você falava com Deus.

– Quando cheguei à vida espiritual, descobri que o 'Deus' com quem eu falava era, na verdade, o espírito que vocês chamam de mentor espiritual. Um espírito muito iluminado e ligado a mim por alguns séculos. Foi ele quem me guiou naquela encarnação, assim como o seu mentor Rodrigo, por exemplo.

– Mas todos os apóstolos e profetas diziam falar com Deus.

– Deus estava bem presente na Terra naquela época, Osmar, assim como está atualmente. Mas não era Ele quem falava diretamente conosco: Ele tinha (e tem) seus emissários para cuidar de tudo. A evolução dos espíritos não dá saltos, tudo segue um curso natural evolutivo.

– Sim, o Lucas já nos explicou sobre isso.

– Estamos em missão de aproximação, razão pela qual há tantas psicografias e tantas revelações da vida após a vida. Entre vocês, há bilhões de espíritos missionários. O planeta está em modificação e, para que tudo se cumpra, uma verdadeira legião de benfeitores está entre vocês. Estamos atuando em diversas frentes espirituais, implementando e informando tudo o que é possível e de fácil compreensão aos espíritos encarnados, a fim de que tudo transcorra da melhor maneira possível. Deus não dá sustos, Ele dá lições e oportunidades. A natureza não dá saltos, ela segue o cronograma evolutivo das Leis Naturais. Essa é a Lei imutável à qual todos os espíritos estão intrinsecamente ligados.

– Que informação legal, Jonas! Obrigado!

– Deus é mais do que imaginam os seres terrenos. Deus é a perfeição e, sendo Ele perfeito, nada está ao acaso.

– Então, você não é um ser terreno?

– Não.

– Como posso chamá-lo?

– Você pode me chamar de espírito puro. Osmar, nomes ou títulos não são muito importantes onde vivemos.

– O que é isso?

– Isso, o quê?

– Um espírito puro. Eu já estudei um pouco sobre o tema, mas gostaria que você nos informasse. O que é ser um espírito puro? Como você conseguiu se tornar puro?

– Allan Kardec já trouxe essa informação para vocês, e ela está na codificação espírita. Você não estudou?

– Sim, sim, está n'*O Livro dos Espíritos*. Primeira ordem, segunda ordem e terceira ordem. Eu sei disso.

– Isso, Osmar. Para vocês, espíritas, eu estou na primeira ordem.

– Como é viver assim, Jonas?

– Viver é uma palavra humana, Osmar.

– Qual termo vocês usam, então?

– Existir. O certo seria você me perguntar de que forma eu existo.

– Está feita a pergunta: De que forma você existe, Jonas?

– Assim como vocês, que estão em busca da perfeição espiritual, nós, que já alcançamos um pouco dela, estamos em busca de dimensões superiores na vida espiritual. Os espíritos não param de buscar a perfeição. É um processo natural e intrínseco ao Ser espiritual, mesmo que isso ainda esteja momentaneamente imperceptível para alguns. Quando alcançamos certo grau evolutivo, Osmar, vamos em busca de outras dimensões. Compreende?

– Sim, compreendo. Vocês também estão em evolução? Isto é, vocês continuam evoluindo?

– Não chamamos mais de evolução, mas de conhecimento pleno.

– Entendo. Quanto mais conhecimento, mais sabedoria.

– Isso, estamos em busca da sabedoria plena.

– Ela existe?

– É onde vive Deus.

– Me sinto um pontinho na imensidão, Jonas.

– Eu também – disse o sábio mentor.

– Como assim, Jonas? Você já é um espírito puro.

– Mas a estrada é longa para todos, Osmar. Pureza não significa estacionar: pureza nos impulsiona a ir além de nossos limites. Assim são as coisas de Deus. Todos os espíritos estão testando seus limites, explorando novos universos, aprimorando sua intelectualidade e aperfeiçoando sua moralidade.

– Que bom, Jonas!

– É bom saber disso, não é, Osmar?

– Sim, me sinto um privilegiado por escrever essas linhas.

– Você não é um privilegiado, é simplesmente um escolhido, um trabalhador que faz um bom trabalho.

– Obrigado, Jonas, por me permitir essa oportunidade.

– Nós que agradecemos sua dedicação e reforma. Sem elas, eu não estaria aqui. Sem se modificar, os espíritos estacionam, e é para isso que estamos em todos os lugares: para intuir os espíritos em provas a melhorarem. Melhorando, todos acessam às dimensões superiores e, acessando-as, compreendem-se como eternos. E isso é bom!

Após uma pausa emocionada, continuamos...

– Jonas, você pode me falar mais sobre o lugar em que vocês vivem?

– Nós não vivemos propriamente em um lugar. Os espíritos evoluídos estão nas colônias. Nós, espíritos puros, estamos em todo o Universo – claro que cada um cuidando de uma coisa específica. Temos uma estação de repouso, ou melhor, nosso lugar, como todos os espíritos têm. Quando precisamos de momentos íntimos ou de descanso, vamos para esse local.

– Como assim?

– Osmar, o que nos diferencia dos demais espíritos, é a nossa superioridade intelectual e moral absoluta. Como disse, não temos um lugar próprio, estamos no todo. Nosso trabalho é harmonizar o Universo. Cuidar para que tudo se cumpra. Embora tenhamos um planeta, não estamos lá a todo momento. Nosso planeta está em uma das milhares de estações existentes, compreende?

– Entendi. Onde tiver a necessidade de auxílio e amparo, ali vocês estarão. É isso?

– Isso.

– Na verdade, eu gostaria de saber se vocês trabalham na Terra como os demais espíritos ou se ficam restritos às colônias, às cidades espirituais, aos postos de socorro etc.

– Hierarquicamente, estamos em amparo às colônias e às cidades espirituais, pois é mais fácil para nós. Ademais, os outros espíritos também precisam de oportunidades evolutivas. Poucos espíritos puros vão à Terra, somente em casos de extrema necessidade. Vocês devem seguir o curso natural evolutivo: quanto menos interferência, melhor.

– Mas para podermos alcançar a evolução, acho que precisamos da ajuda de vocês. Você não acha?

– Se ficarmos ajudando vocês a todo momento, qual será o trabalho das colônias espirituais, das cidades de luz, das escolas, dos núcleos educacionais e dos demais tarefeiros e mentores de luz?

– Não tinha pensado nisso… foi difícil se tornar um espírito puro, Jonas?

– Foi mais simples do que imagina.

– Você pode nos deixar uma dica?

– Sim, claro que sim. Para você se tornar um espírito puro, você precisa, primeiramente, alcançar a totalidade moral. Depois, vocês precisam conquistar a plenitude intelectual.

– Caramba! Como estamos distantes disso…

– Um dia, eu também estive longe, mas devido à minha entrega, ao meu esforço, à minha dedicação e à minha transformação moral, estou onde estou.

– Quando alcançarmos a totalidade moral, chegaremos perto de vocês?

– Essa é a primeira e principal condição para um espírito se tornar puro.

– Do que mais precisamos?

– Evoluir, Osmar.

– Essa é a parte mais difícil, Jonas. Evoluir…

– Mas é possível e, se é possível, vocês conseguem. Aliás, é o destino da criação. Todos conseguirão um dia.

– O que mais vocês fazem?

– Nós somos os ministros de Deus e executamos suas ordens para a manutenção da harmonia universal, como já disse.

– Quer dizer que vocês estão em todo o Universo?

– Sim, em todos os lugares.

– Em que consiste esse trabalho?

– Nós dirigimos os espíritos que estão nas colônias, mas que ainda são inferiores. Nós os ajudamos a se aperfeiçoarem e determinamos as missões evolutivas, amparando-os e auxiliando-os nas horas mais difíceis.

– Quer dizer que vocês são os espíritos que dão todo o suporte às colônias?

– Não só às colônias, mas a todo o Universo, como disse anteriormente.

– Vocês encarnam?

– Se houver necessidade, estamos prontos para isso.

– Eu posso te comparar a Jesus?

– Não. Jesus é o mais puro dos espíritos puros. Nós ainda estamos na estrada em busca de tamanha perfeição.

– Mas você tem contato com Ele?

– Sim. Jesus e seus ministros nos dirigem sobre as questões terrenas.

– Vocês também trabalham em outros universos?

– Sim. Trabalhamos pela harmonia universal, como já disse. É importante ressaltar, Osmar, que a evolução do espírito é infinita. Todos os espíritos caminham rumo a uma perfeição ainda desconhecida, até mesmo nós, os espíritos puros.

– Como é isso?

– Perfeição é estar no todo. Ainda não estamos no todo. Entende?

– Mais ou menos.

– Deixemos isso para outra conversa.

– Gratidão por suas palavras, Jonas. Elas enriquecem o meu ser.

– É importante que fique registrado neste livro que, nós, os espíritos puros, também sofremos gradações.

– Gradações? Você pode explicar isso?

– Sim. Um espírito puro há 1.000 anos não é igual a um espírito de 100 mil anos; que não é igual a um espírito de 1 milhão de anos. Um espírito puro de 10 milhões de anos não se compara a um de 100 milhões de anos. Entende?

– Sim. Mas é difícil raciocinar sobre isso.

– Portanto, não somos iguais, Osmar. Somos todos diferentes.

– Então, se você puder, gostaria que me explicasse melhor o que de fato os diferencia.

– Sabedoria, grandeza moral e intelectual, como já disse antes. São esses os atributos que nos diferenciam.

– Agora eu entendi. É verdade, Jonas, que Jesus é o governador espiritual do planeta Terra, ou melhor, da Via Láctea?

– Sim, é Ele quem nos governa.

– É... agora eu compreendo melhor a missão de vocês.

– O que faz você compreender melhor a nossa missão, Osmar?

– Se Jesus, o espírito mais puro, veio até nós para nos direcionar, então começo a compreender melhor esta psicografia. Começo a acreditar que Deus realmente tem um propósito para todos os seus filhos. O que seria de nós se não tivéssemos essas oportunidades de aprender com vocês?

– Vocês, médiuns, são os meios que usamos para direcionar a humanidade e revelar aquilo que a tornará melhor. Lembre-se de que as informações sobre a existência de uma vida após a vida foram trazidas por médiuns, e são eles que estão preparando a Terra para a regeneração.

Jesus, em sua curta caminhada terrena, alertou: *há muitas moradas na casa do meu Pai*. No entanto, poucos deram ouvidos a essa revelação. Foi necessário que uma nova ordem espiritual se estabelecesse sobre o orbe terreno para que vocês tivessem mais informações sobre a vida contínua. Foram vocês, os médiuns, que possibilitaram nossas intensas comunicações. Através delas, pudemos informar e conscientizar todos aqueles que sempre desejaram saber mais e que compreendem que a vida não está condicionada a uma vida terrena, e sim à vida espiritual, pois ela é que é importante. Sem as psicografias, sem as aparições, sem as revelações, sem as comunicações, e sem ter sido estabelecida a Doutrina Espírita, todos ainda estariam muito atrasados.

O progresso é condição imperceptível para alguns, mas é ele, o progresso, que, lentamente, todos os dias e em todos os segundos existenciais, levará todos ao encontro do divino. Todos estamos nesse grande oceano e, nele, há muita vida, muita abundância e infinitas possibilidades. É você que escolhe entre nadar em águas mansas e enfrentar as tempestades, e são as tempestades que o fortalecem o suficiente para atravessar os oceanos da evolução. São as provas mais difíceis que enobrecem o seu espírito: "*toda prova superada resulta em salário de evolução*".

– Sou grato por essa oportunidade, Jonas, muito grato.

– Não agradeça, escreva.

– A Nina sempre me diz isso. Aliás, todos vocês me dizem “escreva, Osmar, escreva...”.

– Ela sabe o que diz. Escreva, Osmar.

– Difíceis são os julgamentos, Jonas. Eles atrapalham muito o nosso trabalho.

– Para me tornar um espírito puro, eu também passei por isso. Fui julgado, condenado e até assassinado.

– Você pode me contar as suas experiências terrenas? Aquela que mais o ajudou...

– Sim, posso sim. Vamos lá.

Eu nasci na Galileia, e meu pai se chamava Amitai. Eu vivia em uma pequena aldeia chamada Gate-Hefer. Naquela época, eu vivia em perturbação mediúnica, o que era muito comum, pois os primeiros sinais de mediunidade se afloravam entre os encarnados. Eram os ensaios mediúnicos. Certo dia, um espírito apareceu para mim e disse que eu tinha de subir à grande cidade de Nínive e profetizar contra ela. Eu obedeci por medo daquele espírito, que tinha uma luminosidade que eu nunca tinha visto antes.

– Como essa luminosidade que você carrega agora?

– Maior. Então, fui até o porto e embarquei em um navio que se dirigia para Társis. Eu gostava muito da cidade de Nínive e relutei em seguir a orientação daquele espírito iluminado que, à época, eu achava ser Deus. Eu acreditava mesmo que era Deus, por isso obedeci às ordens sem muito questionar.

No meio da viagem, fomos surpreendidos por uma grande tempestade, e o navio estava a ponto de afundar. Foi quando os marinheiros, apavorados, começaram a lançar toda a carga ao mar, pois eles precisavam se livrar do peso da embarcação para que ela não virasse.

Naquele momento, o capitão do navio foi até mim para me acordar. Eu estava no porão, dormindo. Ele disse: "levanta-te! Invoca o teu Deus para nos salvar.". Eu tinha a fama de conversar com Deus. Os marinheiros decidiram lançar a sorte entre si, porque diziam que um de nós era o responsável por aquele mal. Essa sorte caiu sobre mim.

– E o que eles fizeram?

– Eu paguei o preço da minha língua, pois havia contado a eles sobre os espíritos e sobre o Deus de Israel. Eu estava com muito medo e sugeri a eles que me atirassem ao mar. Era a melhor opção naquele momento, já que eles queriam me matar e as espadas eram muito afiadas. Eu não conseguia imaginar a lâmina perfurando meu frágil corpo... tinha muito medo.

– E o que eles fizeram?

– Decidiram seguir a minha orientação.

– Eles jogaram você no mar revolto?

– Sim.

– E o que aconteceu?

– Fui engolido por uma enorme baleia assim que cheguei ao fundo do oceano.

– Eu já li essa história na Bíblia.

– Realmente está relatado no livro.

– E então?

– Orei a Deus com todas as minhas forças. Poucos minutos após ter sido engolido, o enorme peixe vomitou o meu corpo nas areias de uma praia distante de Nínive. Havia muito oxigênio no estômago da baleia, foi assim que sobrevivi.

"Nínive estava condenada", disse-me aquele ser de luz que, novamente, apareceu para mim e falou que eu precisava continuar a minha missão. Caminhei por três dias até chegar à cidade e, quando cheguei, parecia que Nínive era outro lugar. Tudo o que havia de errado foi extinto pelo Rei, que ordenou jejum de trinta dias a todo o povo, livrando aquela cidade da destruição.

– Deus destrói as coisas d'Ele?

– Não, Ele renova tudo o que tem. De tempos em tempos, tudo se renova.

– Por isso a regeneração?

– Vocês deveriam trocar a palavra 'regeneração' por nova oportunidade, Nova Era.

– Como assim, Jonas?

– Deus dá oportunidades infinitas a seus filhos. Tudo o que Ele reforma é para o bem de todos. Assim, o planeta Terra, como nos velhos livros, sofre agora a transformação necessária, a evolução daqueles que compreendem a Lei Maior.

– Agora compreendo melhor o que está acontecendo. É como Nínive: Deus ia transformar aquela cidade com alguma tragédia, mas não o fez, porque o povo mudou a sua vibração espiritual.

– É mais ou menos isso.

– Como assim, mais ou menos?

– Deus não muda uma cidade; Deus muda uma nação.

– Compreendo. Então, esse relato bíblico é verdadeiro?

– Sim, há confirmações arqueológicas de minha existência terrena. O túmulo com os meus restos mortais se encontra no norte de Israel. Se você pesquisar, poderá encontrar que foram desenterradas moedas antigas com a inscrição de um homem saindo de um peixe. Esse sou eu.

– Que bom, Jonas! Assim, eu não fico falando sozinho.

– Escreva, Osmar, escreva.

– Desculpe-me, Jonas.

– Não tens que se desculpar. Tens que escrever.

– Jonas, estamos vivendo tempos difíceis na Terra. Isso faz parte do processo de regeneração?

– Vocês ainda ficarão bem pior.

– Pior?

– Sim. Vamos ao livro?

– Sim, vamos.

Eu estava diante de um espírito de enorme grandeza. O que mais me impressiona em Jonas é o seu jeito de falar: simples, humilde, carismático, bondoso, e de uma sabedoria ímpar.

Fiquei perplexo com a aparição de Jonas naquele lugar e, mais uma vez, impressionado por ele ter me procurado para escrever mais um livro. Como assim, um simples médium como eu, cheio de defeitos?

Foi então que lhe fiz uma pergunta crucial para mim.

– Jonas, antes de começar o livro, eu posso lhe fazer uma última pergunta?

– Sim, Osmar.

– Por que você me escolheu?

– Por que eu não o escolheria?

– Existem tantos médiuns melhores que eu para esse contato.

– Existem muitos médiuns perdidos em suas vaidades, egos e avarezas. Isso, sem contar a hipocrisia de alguns... existem muitos médiuns perdidos em suas palavras. Deus gosta dos simples e dos humildes, Osmar. Você não é melhor nem pior do que aqueles que estão encarnados hoje, por isso, lhe pedimos e o orientamos a todo momento falando: "escreva, Osmar, escreva". E outro motivo é que poucos têm a coragem que você tem.

– Minha coragem é reflexo do que vejo e acredito.

– É por isso que estamos aqui com você.

Fiquei emocionado e algumas lágrimas rolaram pelo meu rosto cansado.

– Não chore – disse Jonas me acalmando.

– Tenho certeza de que serei crucificado em praça pública por este livro, Jonas.

– Ainda bem que será em praça pública, e não no alto de um monte.

– Você deve estar brincando.

– Estou. É para descontrair. Osmar, as informações que vou passar a você neste livro vão gerar muitos comentários: alguns acreditarão, outros farão o que sempre fazem. No começo, poucos vão entender o sentido deste livro, mas, com o passar do tempo e com a confirmação dos acontecimentos que vamos relatar, todos, algum dia, vão estudar esta obra, como fizemos no livro *Regeneração: uma Nova Era*.

– Isso me conforta e me faz ser útil aos meus irmãos.

– Então, escreva! Não se importe com o que as pessoas vão dizer e, muito menos, pensar. É errando e acertando que o espírito evolui... e, atualmente, vocês estão errando mais do que acertando. Mas é uma Nova Era o que lhes revelo. Assim, tudo ficará bem.

– Obrigado, Jonas.

– Não agradeça, escreva.

– Vamos escrever.

Naquele momento, eu me concentrei e começamos a escrever este livro.

Lucas me olhava carinhosamente, como se me dissesse: “vamos em frente, Osmar”.

“

O céu e o inferno são portáteis, você os carrega dentro de si.

”

Nina Brestonini

Os Umbrais

Segundo alguns livros espíritas e esotéricos, o Umbral fica na quarta dimensão, com três níveis, como Lucas nos explicou no capítulo anterior.

São classificados como baixo Umbral, médio Umbral e alto Umbral. Eu decidi escrever mais um pouco sobre eles para podermos aprender mais sobre essas regiões. E conhecimento nunca é demais. Vocês não acham?

O Umbral é a região espiritual na qual quase todos nós somos encaminhados após a morte do corpo físico, após o nosso desligamento fluídico. Há espíritos que não aceitam suas mortes ou ainda não têm conhecimento delas e ficam vagando pela Terra. Eles acabam convivendo com os vivos pensando que também estão e, por incrível que pareça, nem todos conseguem chegar até o Umbral.

No entanto, mais cedo ou mais tarde, eles poderão ser encaminhados para lá, mas alguns conseguem driblar essa atração e permanecem entre os encarnados, como se ainda estivessem vivos. O fato de o espírito conseguir driblar essa atração natural não é nenhum privilégio ou experiência. Muito pelo contrário: isso decorre de sua ignorância e desconhecimento do fato de que são espíritos. Sendo assim, não conseguem ser atraídos e ficam vagando entre os umbrais.

A maioria das colônias espirituais fica no alto Umbral, um lugar que até chega a ser classificado como bonito e com boa vibração, mas que ainda exige uma proteção com muros altos, como pudemos ver na psicografia de Francisco Cândido Xavier, em *Nosso Lar*, na psicografia que fiz das colônias Amor e Caridade e Laços Eternos, e em outras psicografias. Isso porque o mal não gosta da assistência prestada por essas cidades espirituais, nas quais os benfeitores trabalham incansavelmente na recuperação de irmãos que se arrependem genuinamente de seus atos e procuram ajuda através dos postos de socorro que existem em todas as regiões. Nesses lugares, aqueles que buscam ajuda sincera são recebidos e muito bem tratados.

O baixo Umbral, por sua vez, é um lugar onde podemos ver muito sofrimento. Tem uma energia densa e é um local sombrio, frio e pantanoso, onde chove todos os dias e onde as estreitas ruas são enlameadas, quase não havendo vegetação. No baixo Umbral, também é possível ver animais disformes e seres horripilantes, alguns sequer têm seus corpos completos.

É lá que estão alguns vales. Os mais famosos são o vale dos suicidas, o vale da morte, o inferno, o limbo, o baixo limbo, as trevas, e tantos outros lugares nos quais nenhum espírito gostaria de estar, mas que, devido à sua condição espiritual e perispiritual, são atraídos para lá. É o lugar onde estão os espíritos sofredores, os presos à matéria, os que ainda alimentam ódio em seus corações, os assassinos, os avarentos, os malfazejos, os psicopatas, os psicóticos e tantos outros.

Nos abismos, encontram-se todos os tipos de espíritos com energia pesada, como os espíritos do mal, obsessores poderosos, magos negros, líderes e entidades maléficas, e outros mais. Embora o baixo Umbral tenha uma energia densa e pesada, existem algumas equipes de socorristas por lá. Elas socorrem os espíritos arrependidos e merecedores de ajuda que imploram por tratamentos. Assim, eles são socorridos e levados para o médio Umbral ou para alguma colônia espiritual.

Como o lugar é muito perigoso devido às organizações criminosas que lá vivem há milênios, é preciso ter muito cuidado para não ser capturado e escravizado pelos magos negros. Eles arregimentam verdadeiros exércitos de zumbis drogados que os seguem. Estão cegos pela ignorância espiritual e são mantidos assim por meio do uso de bebidas e drogas que os magos negros criam através dos processos de alquimia com determinadas substâncias muito comuns nessas regiões.

O médio Umbral, por sua vez, é muito parecido com o nosso plano terreno, embora haja menos luz. Tem cidades muito parecidas com as nossas e concentra a maioria dos espíritos que estiveram na erraticidade.

O Umbral superior (alto Umbral) é o local onde estão estabelecidas as colônias espirituais. Onde estão as cidades educadoras, de reforma, de aprendizado e as correcionais. Também é onde está a maioria dos hospitais espirituais, nos quais somos recebidos e tratados para sermos encaminhados para a reencarnação ou, quando merecemos, para a quinta, a sexta, a sétima, ou a outras dimensões, nas quais estão os planos superiores.

– Estou certo em minhas colocações, Jonas?

– Sim, resumidamente está bem explicado. Deixemos para aprofundar mais sobre o tema em outra oportunidade.

– Você gostaria de acrescentar algo?

– Se você me permite.

– É ótimo aprendermos mais.

– Na verdade, agora, não há muito o que acrescentar à suas palavras, mas do que todos vocês precisam se conscientizar urgentemente é que todos os espíritos são livres. E, sendo livres, tudo podem, mas nem tudo convém.

– Isso é bíblico, Jonas.

– Sim, essa frase é muito importante para os espíritos em evolução, porque a maioria dos espíritos não sabe interpretá-la.

– E você pode nos explicar?

– Sim, é para isso que a citei. Preste muita atenção: todos os espíritos são e foram criados livres para que, através da liberdade, experimentem tudo e, por meio dessas experiências, tomem consciência do que é bom e do que é ruim. O que é bom, o que te torna melhor, deve ser adquirido e interiorizado; o contrário, descartado e evitado.

Acontece que, normalmente, o que é bom, no sentido prazeroso, é difícil de ser descartado, porque o prazer se sobrepõe à razão quando se está na carne. Acontece também que, na maioria das vezes, é na carne que os espíritos expiam para evoluir. Essa é a mais difícil das provas evolutivas: sobrepor-se aos prazeres da carne, dado como certo o prazer do espírito, que é representado sempre pelo ato da caridade e do amor ao próximo.

A caridade e o amor ao próximo são as virtudes que libertam o espírito das mazelas da encarnação. E, por incrível que pareça, o maior castigo imposto ao espírito em evolução é o de amar ao próximo como a si. Quem você conhece, Osmar, que ama o outro como a si?

– Sinceramente?

– Claro.

– Ninguém, acho que ninguém mesmo.

– Por isso, lhe afirmo que você ainda está no Umbral.

– Concordo em gênero, número e grau, Jonas.

– Enquanto estiver entre aqueles que sequer conseguem amar seu irmão como a si, asseguro-lhe que ainda estará no Umbral. Porque é mais fácil amar àqueles que dormem sob o mesmo teto que você do que aquele que dorme embaixo das marquises nas esquinas frias do inverno. É mais fácil amar quem divide o alimento com você do que aquele que lhe implora por um prato de comida para matar a fome. Enquanto estiver vivendo ao lado de espíritos avarentos, rebeldes, rudes, egoístas, rabugentos e desumanos, estará nos umbrais.

– Não tenho palavras para argumentar com seus ensinamentos, Jonas. Nunca ouvi ninguém com tanta razão. Você, nos ensinando tudo isso, me faz lembrar de uma frase do nosso querido Frei Daniel, quando ele diz: "*quando a dor do outro não te fere, o paciente é você*".

– Pois bem, Osmar, realmente o Daniel, em poucas palavras, convida-nos a uma reflexão profunda sobre o que somos, de onde viemos e para onde vamos. Agora, chega o momento em que aqueles que, durante milênios, defenderam os mais pobres, alimentaram os que sentiram fome, acolheram os que sentiam frio ou abraçaram os sofredores, vão viver em um lugar melhor. Não é justo manter árvores frutíferas e ervas daninhas no mesmo terreno.

É chegado o momento da separação: aos justos, a justiça, da paz, do amor, da fraternidade e caridade; aos outros, novas escolas e novas oportunidades em lugares distantes daqueles que já não merecem mais sofrer. E, para que tudo isso aconteça, está instituída sobre a Terra uma verdadeira guerra de interesses contrários.

– Uma guerra?

– Sim, uma guerra quase imperceptível a vocês, mas muito clara e exaustiva para nós.

– Você pode nos explicar melhor?

– É para isso que o Lucas e eu o procuramos: precisamos falar sobre tudo o que está acontecendo e ainda vai acontecer na Terra.

– Estou pronto para escrever, meus amigos.

– Sabemos disso – disse Lucas.

– O que você acha que está acontecendo com o seu planeta, Osmar?

Após uma pausa para reflexão, eu respondi.

– Olha, meus amigos, na prática, sinceramente eu vivo isolado do mundo. Quase não vejo noticiários porque não consigo ver tanta maldade nos seres humanos. Me dedico ao trabalho caridoso, aos livros e à minha família. Se eu soubesse como ajudar o mundo, eu o faria com todas as minhas forças, mas percebo a cada dia que as coisas estão piores.

– Você já faz muito pelo mundo, Osmar, quando permite que nos comuniquemos através de seus livros. Saiba que o que você está fazendo lhe trará benesses ainda incompreensíveis. Posso lhe assegurar e afirmar que você está no caminho certo.

– Eu tento fazer o melhor de mim, embora seja muito difícil no meio em que vivo.

– O fato de você não se entregar e de não desistir é o que o coloca na condição que te digo. Não desista! Não pare em hipótese alguma.

– Pode deixar, não vou parar. Mas vivo triste com os acontecimentos atuais.

– Há quanto tempo você observa que seu planeta vem piorando? Ou será que ele está melhorando?

– Eu acho que está piorando.

– Em que sentido ele está pior?

– Posso enumerar?

– Esse é o nosso objetivo.

– Pois bem, o mundo está muito violento. Estamos vendo mais assassinatos, mais pedofilia, crimes cruéis, suicídios, feminicídios, ataques, guerras, terremotos, tsunâmis, ideologias separatistas, libertinagem, preconceitos, depressão, fobias, autismo, síndromes, discórdias, doenças, pragas, pandemias, desamor, corrupção, ódio, raiva, intolerância, desigualdade social, fome, situação de pobreza cada dia mais aumentada, doenças que estavam extintas reaparecendo, e tantas outras coisas que uma página deste livro ainda seria pouco para descrevê-las.

– Há quanto tempo você tem observado isso?

– Acredito que de uns 30 anos para cá. Não sei bem ao certo, mas posso afirmar que é uma percepção crescente.

– Para o que vamos informar, o importante é que vocês estejam percebendo o aumento de tudo isso que você relatou.

– Que tem aumentado, não tenho dúvida nenhuma, meus amigos.

– Pois bem, como temos informado, o seu planeta deixa de ser um planeta de provas e expiação e adentra no processo de Regeneração.

– Sim, sabemos disso.

– O que você e todos os encarnados precisam se conscientizar é de que os desencarnados também têm essa informação. Como vocês estão agindo para a Nova Era?

– Eu acho que as pessoas hoje estão mais espiritualizadas, estão mais interessadas em saber sobre a vida espiritual e buscam conhecer mais sobre espiritualidade e tudo o que se refere a energias, coisas holísticas etc. Enfim, acho que estamos mais interessados em saber mais sobre o que somos e o que nos espera.

– Ótima resposta, Osmar.

– Obrigado, Jonas.

– E os espíritos que estão na espiritualidade, que já sabem que não vão morrer em hipótese alguma, o que será que eles estão fazendo?

– Não faço a mínima ideia, Jonas.

– Como você reagiria se, um dia, alguém lhe dissesse que você tem de deixar a sua casa, a sua família, a sua vida, para ser exilado em outro planeta? Em um lugar onde você teria de recomeçar do zero tudo o que você já fez e viveu até os dias atuais. Se disséssemos que você nunca mais veria seus familiares, amigos, colegas... que você nunca mais teria contato com quem você mais ama. E que, para conseguir rever alguém de seu passado, você precisaria de milênios e mais milênios, transformando-se todos os dias até que tivesse o merecimento de voltar à sua terra natal para, quem sabe, conseguir ver esse ente tão querido. Como você reagiria?

– Da pior maneira possível. Eu lutaria, não me entregaria facilmente, ainda mais sabendo que eu não morreria. Lutaria pelos meus...

– E o que você acha que fazem os obsessores, os magos, os espíritos trevais, os Quiumbas, os espíritos malfazejos, os errantes, os vagantes, os zumbis, enfim, todos os que não têm interesse na evolução e estão acomodados em suas casas, seus abrigos ou regiões em que vivem, aqueles que lideram verdadeiros exércitos do mal, que obsidiam por vingança ou por mero prazer… como será que estão reagindo? Porque, assim como vocês estão sendo informados do exílio da transformação da Terra, eles também recebem a mesma informação. Lembre-se: eles também são filhos do Criador e merecem uma nova chance. Como você acha que os que foram e estão sendo exilados estão reagindo?

– Jesus… não tinha pensado nisso…

– Osmar, por acaso você sabe quantos espíritos estão na erraticidade? Vocês, espíritas, têm esse número?

– Pelo que dizem os estudiosos do espiritismo, para cada encarnado existem outros 3 ou 4 desencarnados.

– Quantos encarnados existem, atualmente?

– Oito bilhões.

– E quantos desencarnados, segundo a sua fonte?

– Seguindo esse cálculo, teremos entre 24 e 32 bilhões de espíritos desencarnados.

– E você acha mesmo que todos eles aceitarão pacificamente o exílio?

– Não quero nem perguntar.

– Vocês estão vivendo um momento de muita obsessão, possessão, perseguição, rebeldia, fascinação, dentre outras dezenas de tipos de interferência dos planos inferiores aos encarnados. Um verdadeiro desespero por parte daqueles que têm a certeza de que serão exilados. Uns os perseguem pelo amor, pois sabem que demorarão muito tempo para, sequer, rever vocês. Outros querem a vingança a qualquer custo antes de serem definitivamente exilados. As razões e os motivos para todo tipo de perseguição e obsessão que vocês estão sofrendo são infinitos. Preste muita atenção no que o Lucas vai te explicar agora.

Eu estava muito assustado com aquelas revelações. Como não havia pensado nisso?

– Sou um lápis, meus amigos. Vamos em frente.

– Osmar, anote com cuidado o que vou dizer.

– Vamos lá, Lucas.

– No ano de 1800, há pouco mais de 200 anos, o seu planeta atingiu a marca de 1 bilhão de espíritos encarnados. Você sabe disso?

– Sim, sei.

– Vamos lá, então. No ano de 1960, ou seja, há 73 anos, o seu planeta atingiu a marca de 3,5 bilhões de espíritos encarnados.

– Anotado.

– No ano em que estamos escrevendo este livro, ou seja, em 2023, o seu planeta atingiu a marca de 8 bilhões de irmãos encarnados. O que podemos observar com esses números? Observa-se que, em 63 anos, encarnaram na Terra 4,5 bilhões de espíritos. Um número expressivo, você não acha? E, por que encarnou entre vocês um número tão expressivo em tão pouco tempo?

– Não faço a menor ideia, Lucas.

– Em apenas 63 anos, Osmar, chegaram ao orbe terreno muito mais do que se chegou em 200 anos. Por que será que isso aconteceu? Vocês não se perguntam o que houve para um crescimento tão substancial em poucos anos? Quais os motivos de Deus para permitir isso? Qual o objetivo?

– Meu Deus!

– Se você quer saber, informo que, em 2057, seu planeta terá 9 bilhões de encarnados. A partir daí, esse número começará a cair. Por que isso está acontecendo? Quais os motivos e a razão para tudo isso? Vocês precisam prestar mais atenção no planeta em que estão encarnados... entre vocês, esteve um médium que informou que houvera um pedido do governador espiritual da Terra, quando o primeiro homem pisou na lua. Você sabe disso?

– Sim, claro. É a famosa Data Limite, que nos foi revelada por Chico Xavier.

– O que diz a Data Limite?

– Diz o seguinte: "*Nosso Senhor deliberou conceder uma moratória de 50 anos à sociedade terrena, a iniciar-se em 20 de julho de 1969 (data em que o homem pisou na Lua), portanto, a findar-se em julho de 2019.*

Ordenou Jesus, então, que seus emissários celestes se empenhassem mais diretamente na manutenção da paz entre os povos e as nações terrestres, para colaborar para que nós ingressássemos mais rapidamente na comunidade planetária do Sistema Solar, como um mundo mais regenerado, ao final desse período.

Algumas potências angélicas de outro orbe de nosso Sistema Solar recearam a dilação do prazo extra, e foi então que Jesus, em sua sabedoria, resolveu estabelecer uma condição para os homens e as nações da vanguarda terrestre.

Segundo a imposição do Cristo, as nações mais desenvolvidas e responsáveis da Terra deveriam aprender a se suportarem umas às outras, respeitando as diferenças entre si, abstendo-se de se lançarem a uma guerra de extermínio nuclear.

A face da Terra deveria evitar a todo custo a chamada III Guerra Mundial.

Segundo a deliberação do Cristo, se, e somente se, as nações terrenas, durante este período de 50 anos, aprendessem a arte do bom convívio e da fraternidade, evitando uma guerra de destruição nuclear, o mundo terrestre estaria enfim admitido na comunidade planetária do Sistema Solar como um mundo em regeneração. Nenhum de nós pode prever os avanços que se darão a partir dessa data de julho de 2019 se apenas soubermos defender a paz entre nossas nações mais desenvolvidas e cultas!".

– Muito bem, Osmar. E quando terminou esses 50 anos, o que disse o Instrutor?

– Ele não disse mais nada, apenas que entraríamos em um novo tempo no qual tudo se transformaria seguindo o curso natural evolutivo.

– Pois foi a partir desse ano que todos foram informados da Nova Era, inclusive aqueles infelizes que vivem nos abismos sombrios dos umbrais. Não satisfeitos e contrários à decisão de que o planeta adentra em um Novo Tempo, esses infelizes se organizam e tentam, a todo custo, atrapalhar o inevitável.

O custo da decisão infeliz é o retrato da falência dos valores humanos e morais que você tem visto diariamente estampado nos noticiários de onde vive. Infelizmente, há de haver muito ranger de dentes até que o tempo se cumpra. Como dissemos, as Leis Naturais regem todos os planetas e toda a Criação, agindo sem alardes e de forma serena, mas certeira.

Verá a violência, as injustiças sociais, a fome, a miséria, as guerras, as dívidas, as mortes, os feminicídios, as síndromes e os suicídios crescerem de forma absurda. A situação chegará ao ponto de um alarde social, em que alguns países se unirão para tentar achar uma solução para uma situação social tão grave.

Tudo se acalmará somente a partir de 2059, que é quando a maioria dos que estão em sua última encarnação deixará definitivamente o planeta Terra: serão exilados. Nesse tempo, as sociedades se unirão para o bem comum. É quando muita coisa vai mudar.

– Você já escreveu muito sobre isso, Jonas, no livro *Regeneração*.

– Sim, mas, agora, abordaremos sobre os umbrais, e é para onde vamos para mostrar a todos vocês como estamos fazendo para levar nossos irmãos para outras oportunidades.

– Estou ansioso para relatar tudo.

– Venha, Osmar.

Naquele momento, um veículo de transporte parou ao nosso lado. Jonas, Lucas e eu entramos nele. Não havia condutor. Estávamos somente nos três. Esses veículos são muito comuns nas colônias. Eles flutuam sobre as cidades transportando os espíritos que ainda não têm condições perispirituais para volitarem.

Assim, seguimos para o espaço entre os umbrais. Eu estava muito impressionado com tudo o que havia sido revelado até aquele momento. Confiante e feliz por mais uma oportunidade, me concentrei e seguimos em frente.

“

Somente compreenderemos o incompreensível, quando deixarmos o que não compreendemos se afastar de nós.

”

Osmar Barbosa

O Umbral Superior (alto Umbral)

O alto Umbral, como dissemos, é o local onde estão situadas as colônias espirituais ou, se preferir, as cidades espirituais, os planos transitórios ou morada espiritual. Dessa forma, nas cidades espirituais, encontramos verdadeiras comunidades muito parecidas com as que vemos no nosso dia a dia.

Essas cidades foram criadas antes mesmo de os espíritos encarnarem na Terra, tendo sido preparadas por espíritos superiores, auxiliares de Deus na evolução de todos os espíritos. Quando digo que essas cidades são muito parecidas com as nossas, é por que realmente elas se assemelham muito com as cidades em que vivemos. Deus não tem o hábito de dar sustos em seus filhos; tudo é muito parecido com o que vivemos diariamente em nossa encarnação.

Há ruas, avenidas, prédios, alamedas, veículos, moradias, condomínios, teatros, cinemas, praias, matas e tudo aquilo que temos no plano físico. Na verdade, é uma cópia daquilo que temos e com as quais convivemos na vida de encarnado.

No alto Umbral, podemos viver, trabalhar, estudar e buscar nossa evolução através do trabalho, do estudo ou de cursos específicos dentro daquilo que precisamos para nos ajustar nas próximas provas terrenas. É por meio dessas provas que tiraremos definitivamente a evolução necessária para ascendermos a cidades superiores em outras dimensões.

O processo é simples, embora pareça complicado e sofrido. A evolução espiritual é muito simples, basta compreendermos que somos espíritos eternos e imortais e modificarmos nossos pensamentos, promovendo uma reforma íntima. Através dessa transformação íntima, ascender aos planos superiores, onde só vivem espíritos superiores.

As cidades espirituais são administradas por espíritos que, através das múltiplas encarnações, adquiriram condições intelectuais que os capacitam para administrar essas cidades. Portanto, encontraremos governantes, administradores, responsáveis técnicos, auxiliares de todos os tipos, profissionais altamente capacitados, médicos, engenheiros, arquitetos, advogados, profissionais liberais, ecologistas, doutores e todo tipo de profissional necessário ao bom funcionamento desses lugares.

Levamos para a vida espiritual o que aprendemos na encarnação. Então, se você é ótimo naquilo que faz, certamente será convidado a exercer a sua profissão em algum departamento dessas cidades. Não se iluda achando que a vida espiritual é um parque de diversão ou uma clínica para idosos, pois não é. A vida espiritual é dinâmica, e todos que nela se encontram desejam fervorosamente evoluir o mais rápido possível, a fim de ascender às cidades superiores.

Todos os espíritos encarnados ou desencarnados têm um compromisso com Deus. Todos os espíritos encarnados ou desencarnados têm compromisso com a evolução de todos os outros espíritos. Somos parte de uma grande Estrela, de um grande Farol, e o destino de todos os espíritos são as cidades espirituais. Nelas, vamos conviver diariamente com outros espíritos, a fim de apurar as imperfeições e, através das transformações essenciais, nos ligarmos definitivamente ao Criador.

Deus é paciente e bondoso para com todos os seus filhos.

Todos nós temos o tempo certo de evoluir. Todos nós temos o tempo certo de amadurecer como fruto criado por Deus para, através do tempo e da convivência terrena, nos aperfeiçoarmos. Ao nos aperfeiçoarmos, adentraremos nas cidades superiores, a fim de, nelas, vivermos eternamente ao lado do nosso Pai. Há um projeto de Deus para toda a criação. Fique certo disso.

Nada está ao acaso. Nada é por acaso. Tudo o que acontece com você tem um motivo e uma razão para acontecer. O mal é um bom professor. As experiências na carne nos aperfeiçoam.

– Para onde iremos agora, Lucas?

– Iremos até a colônia espiritual Amor e Caridade.

– Certo.

Naquele momento, nosso veículo de transporte se aproximou das muralhas da colônia espiritual Amor e Caridade.

O lugar é muito bonito. Há diversas árvores e todas elas têm folhas coloridas, o que as tornam muito bonitas.

Na parte central da colônia, há uma grande avenida ou, se assim posso chamar, uma grande alameda muito bonita feita de pedras brancas. Nessa avenida, pude ver muitos espíritos. Eles estavam caminhando e todos nos cumprimentaram com simpáticos sorrisos. Moças, rapazes, mulheres e crianças. Todos estavam muito felizes com a nossa chegada.

– Lucas, todos eles conhecem você?

– Sim, sempre que posso estou por aqui.

– Será que quando eu desencarnar poderei viver em Amor e Caridade?

– Todos podem viver aqui ou em colônias muito parecidas com essa. Só depende de você o lugar em que você irá acordar do sono temporário da morte física.

– Como assim?

– O que você está fazendo com todas as páginas em branco que lhe são entregues diariamente?

– Páginas em branco? Como assim, Lucas?

– Todos os dias, ao acordar pela manhã, você recebe uma página em branco no livro da vida. O que está escrevendo nele?

– Meu Deus...

– Ele mesmo. É Ele quem lhe entrega, todas as manhãs, novas oportunidades evolutivas. Tudo o que lhe acontece diariamente são provas para sua evolução pessoal. Aproveite cada situação, que, em um primeiro momento, você pode até achar que são acasos, mas cada uma contribui para a sua evolução. Extraia das relações afetivas (ou não) o amor, auxilie sempre, ampare sempre. Alimente os que têm fome, cubra os que sentem frio, ouça mais e fale menos, aprenda com a dor alheia a se aperfeiçoar todos os dias. Evite falar mal do outro, procure compreender que cada criatura tem o tempo certo para se descobrir naquilo que realmente é.

Não existem acasos. Você não é um acaso. Nada está ao acaso. Tudo o que acontece com você ou ao seu redor traz um ensinamento. Aproveite essas situações para modificar-se, reformar-se e aprender que Ele não seria perfeito se o tivesse criado para deixar de viver eternamente em uma só experiência carnal ou corpórea, como queira entender. Deus é muito mais do que você imagina. Deus faz muito mais do que você pensa. Deus cria todos os dias, e, todos os dias, seus emissários estão na Terra, auxiliando as criaturas a se compreenderem como espíritos eternos que são, e, através dessa compreensão, modificarem-se para um dia habitarem as cidades espirituais.

Venha, vamos sair neste veículo.

Naquele momento, chegamos a uma pequena estação onde havia alguns *aerobus* parados. Trocamos de veículo e entramos no primeiro que se encontrava à nossa frente. Havia alguns espíritos sentados nos diversos bancos à minha direita e à minha esquerda. Nos sentamos na parte de trás, num banco um pouco elevado, de onde podíamos ver todo o interior do veículo. Pudemos ver, inclusive, que o veículo não tinha condutor, ele simplesmente flutuava pelas estações imaginárias nos céus das colônias espirituais. Era muito parecido com o veículo anterior.

– Para onde estamos indo, Lucas?

– Vamos sobrevoar algumas colônias e eu vou apresentá-las para todos vocês de forma resumida.

– Nossa, eu sempre tive curiosidade de saber mais sobre outras colônias. Tem que ser de forma resumida?

– Sim, se não for assim, precisaríamos de uns dois livros para relatar sobre as que eu vou lhe mostrar agora.

– Um dia, se você quiser falar mais sobre elas, estarei à sua disposição.

– Obrigado, Osmar. Agora, vamos seguir em frente.

O veículo levantou a uma altura de aproximadamente 200 metros, e eu pude ver toda a colônia Amor e Caridade aos nossos pés. Realmente, é uma cidade muito bonita. Tem diversas ruas, moradias, avenidas, prédios (alguns altos, outros baixos), dois lagos, hospitais, muitos espíritos caminhando, e outros sentados à beira dos lagos, como se estivessem descansando. Tudo é muito bonito na cidade espiritual.

Eu também pude ver toda a Colônia das Flores, que abriga Amor e Caridade.

– Osmar, essa é Amor e Caridade. Agora, o nosso veículo voará um pouco mais alto e você poderá observar a Colônia das Flores. Alguns a chamam de Paraíso das Flores. Essa colônia é especializada no socorro às vítimas de câncer. Todos os adultos que desencarnam vítimas de câncer são trazidos para a Colônia das Flores. Já a colônia Amor e Caridade recebe as crianças que desencarnam vítimas dessa mesma moléstia; esta é sua especialidade. Como você sabe, é a Nina quem toma conta de um dos hospitais e de algumas escolas de Amor e Caridade.

– Eu sei, Lucas, já estive algumas vezes ao lado dela em outras psicografias relatando tudo o que vi lá.

– E você gostou do que viu?

– Sim, gostei muito.

– Veja como é grande a Colônia das Flores, e como seus administradores foram bondosos quando cederam parte dela para que fosse instalada, na parte central, a colônia Amor e Caridade. Você sabia disso?

– Sim, relatei isso no livro *Colônia Espiritual Amor e Caridade*. Mas é legal escrever novamente. É ótimo que todos saibam da criação dessa colônia, onde o amor e a caridade sempre estão presentes.

– Realmente, a Colônia das Flores é muito bonita! – disse Lucas, pensativo.

Naquele momento, o nosso veículo virou para a esquerda numa velocidade absurda, e começamos a sobrevoar outra colônia.

– E essa colônia abaixo... como se chama, Lucas?

– Essa é a Colônia das Águas. Sua especialidade é receber desencarnados por problemas circulatórios pelos quais são afetados no perispírito, pela impressão da doença. Recebe, principalmente, os pacientes que desencarnaram vítimas de infarto, AVC (derrame) ou com problemas no coração. É uma colônia muito importante para nós, pois é muito povoada. Ela recebe muitos espíritos. Vamos agora, Osmar… vamos ver outra colônia.

Naquele momento, o *aerobus* virou novamente, mas para a direita, e, abaixo de nós, pude ver outra linda colônia, muito bonita mesmo.

– Lucas, que colônia é essa agora?

– Essa é a colônia Amigos da Dor. Realiza grande socorro aos desencarnados via missas, visto que os tarefeiros dessa colônia prestam atendimento nas igrejas e nas santas casas de misericórdia. Em função desse ritual católico, é uma das mais antigas que existe. Aqui vivem os padres, os bispos e aquelas pessoas ligadas diretamente à Igreja católica. Essa é uma colônia que recebe todos os espíritos que se dizem católicos ou que são fervorosamente católicos.

– Que legal, Lucas. Nunca pensei que fosse assim.

– Já dissemos a você: Deus é perfeito! Agora, vamos ver outra colônia.

Naquele momento, o veículo fez uma curva, à esquerda, numa velocidade quase incompreensível para mim. Aos nossos pés, pude ver uma grande praia e, à beira dessa praia, uma linda colônia. Então, perguntei:

– Que colônia é essa, Lucas?

– Essa é a Colônia da Praia, Osmar. É voltada para atividades espirituais que atuam na ecologia terrena, desenvolvendo estudos e mantendo observação atuante sobre o equilíbrio exercido pelos oceanos na estrutura do planeta. Funciona como um dos pontos de vigilância da harmonia planetária. É nessa colônia que todas as forças da natureza se concentram. É aqui que os espíritos que administram a natureza se encontram; é nela que vivem muitos dos espíritos que vocês chamam de orixás. Mas vamos deixar isso para outra psicografia.

– Sem problema, Lucas.

Naquele momento, não achei conveniente perturbar o Lucas com as infinitas dúvidas que aquela informação me criou.

– Agora, o nosso veículo andará um pouco mais rápido.

– Não estou conseguindo compreender a velocidade desse veículo, Lucas.

– Realmente, é uma velocidade ainda incompreensível para você, porque está na condição de encarnado. Mas, agora, quero mostrar uma colônia que vai ensinar muita coisa. Venha!

Naquele instante, o veículo adquiriu uma velocidade que me deixou ainda mais impressionado. Abaixo de nós, apareceu uma linda cidade no alto de um vale cheio de montanhas e muito verde.

– Que colônia é essa, Lucas?

– Essa é a Colônia Nova Esperança, mas poderíamos chamá-la até de colônia da estatística planetária, devido à sua importante função na catalogação de todos os espíritos que entram, saem e permanecem no orbe planetário. É grande a quantidade de espíritos que chega para os primeiros socorros, Osmar. Devido à sua potente irradiação planetária, essa colônia atua dessa forma. Após o tratamento inicial, vários espíritos que por aqui passam são encaminhados a outras colônias para darem continuidade aos tratamentos específicos. Seja por afinidade, vontade ou, até mesmo, solicitação de espíritos familiares – com méritos para isso, é claro.

Possui vários postos de socorro e atendimento espalhados por vários lugares da crosta terrena, os quais recebem o nome de Boa Esperança. As atividades espirituais nessa colônia, Osmar, são bem intensas. Ela tem muitos emissários de luz e todo trabalhador recebe pelos serviços prestados. Eles recebem bônus-hora, já falamos um pouco sobre isso, você lembra?

– Sim, lembro. Acho que foi na psicografia de outro livro, não foi, Lucas?

– Deixemos isso para outro livro. Olha, à sua esquerda, agora, está a colônia Morada do Sol. Essa colônia, Osmar, também coordena o trabalho de uma equipe espalhada pelo planeta, que leva socorro, assistência e amparo a todos os portadores de doenças tropicais. É nessa colônia que são fabricadas as vacinas para vocês. Quando tem alguma doença, alguma pandemia, enfim, com origem dos animais ou da natureza, são os laboratórios dessa colônia que fazem as vacinas que vocês recebem na Terra.

– Que legal, Lucas! É ótimo saber disso.

– Agora, olhe à sua direita.

– Nossa, que colônia enorme! Como é grande! Como se chama?

– Essa é a colônia Raios do Amanhecer.

– E o que ela faz? Quer dizer, qual é a especialidade dela?

– Essa colônia, Osmar, coordena um trabalho de equipe espalhada por todo o planeta. Ela tem núcleos em todos os lugares do seu planeta, e cada um deles apresenta características filosóficas próprias – embora seja de Cristo a filosofia de atendimento a todos eles.

– E essa que estamos vendo agora? Como se chama?

– Essa é a colônia da Regeneração. Ela trabalha pela recuperação de espíritos que, em seu desencarne, foram mutilados e isso acabou refletindo em seu perispírito. É onde se concentra a maior parte do fluido necessário ao refazimento do perispírito. Aqui, temos vários setores de atendimento fluídico concentrado, com terapias, academias e esportes. Tudo isso numa contínua conscientização de renovação interior do espírito.

Olhe agora à sua esquerda, Osmar, e você poderá ver a Colônia do Sol Nascente. Essa colônia apresenta um setor de preparação do espírito para vir em carne que está aguardando o momento determinado por Deus. Geralmente, os espíritos ficam muito felizes com a oportunidade de reencarnar e, através da encarnação, depurar todos os males e, dessa forma, conseguir viver eternamente na vida espiritual.

– Nosso veículo voa tão rápido, Lucas. Não consigo entender essa velocidade.

– Não procure entender isso agora. Anote tudo o que estou lhe mostrando.

– Pode deixar.

A velocidade me assustava.

– Osmar, essa colônia abaixo é a Colônia da Redenção. É uma colônia que, na verdade, é um grande laboratório fluídico, no qual toda a colônia se beneficia e distribui seus fluidos através de suas equipes socorristas na Terra. Nessa colônia, encontra-se um arquivo com as mais lindas histórias e exemplos de amor que o planeta conheceu, começando pela história de Jesus, com cenas vivas. É uma colônia muito legal e ótima de você conhecer. Um dia, quem sabe, consigo autorização para trazê-lo até ela.

– Nossa, nem brinca com isso, Lucas.

– Não estou brincando. Continue assim e, quem sabe, um dia, poderemos escrever sobre ela.

– Serei eternamente um lápis nas mãos de vocês.

– Sabemos disso. Agora, eu quero que você conheça a Colônia das Montanhas, essa que você está vendo aos seus pés. Tá vendo como é linda?

– Sim, Lucas. Parece que eu estou no Rio Grande do Sul.

– Essa colônia se localiza sobre o estado do Rio Grande do Sul. É muito bonita e muito importante para os gaúchos, pois é a colônia que recebe todos os irmãos que desencarnam no Rio Grande do Sul.

Novamente, o veículo deu uma guinada para a esquerda numa velocidade surpreendente.

– Olha, Osmar, a Colônia Bom Retiro.

– É linda, Lucas!

– Essa colônia tem por especialidade o socorro espiritual dos desencarnados. Sua função principal é voltada ao equilíbrio do espírito. Aqui, existem muitas terapias para aqueles que chegam desequilibrados à vida espiritual.

Novamente, sobrevoamos outra colônia.

– Agora, sob os seus pés, você pode ver a colônia Padre Chico. Ela é muito conhecida aqui no plano espiritual como Colônia das Margaridas, e ela é chamada assim pela abundância dessa flor espalhada pela colônia. Você está vendo?

– Sim.

– E o que você achou?

– É linda, como todas as outras.

– Nessa colônia, Osmar, além de informações relevantes, temos vários setores muito importantes para receber os espíritos. Temos albergues, hospitais, escolas, áreas residenciais e uma parte central muito bonita. Agora estamos sobrevoando ela.

– Realmente é encantadora.

Novamente, o nosso veículo voou para a direita.

– Olha, Osmar, agora você está vendo a colônia do Moscoso.

– Colônia do Moscoso?

– Sim, sua característica é o desenvolvimento de técnicas especiais que auxiliam o espírito em sua autodescoberta como essência divina. Distribui equipes de tarefeiros por toda parte, estimulando e concedendo apoio a toda tarefa que visa à educação da alma no domínio de si mesma, ampliando os setores de autoconhecimento. Inspiram os encarnados nos livros de autoajuda, por exemplo, oferecendo o resultado de suas pesquisas e esforços, visando ao autoconhecimento.

– Que legal, Lucas.

– Agora, sob nossos pés, você pode ver a Colônia do Rouxinol.

– Sim, consigo ver. Muito bonita.

– Aqui nesta colônia, Osmar, há uma profunda sensação de paz. É aqui que ficam os espíritos que desencarnam após longos períodos de enfermidade ou que tiveram morte súbita com perda de muito sangue, o plasma da vida. Aqui, todos são recebidos e tratados. Agora, eu quero que você conheça a Colônia das Violetas. Olhe pela janela e veja como a cor violeta prepondera nessa colônia.

– Sim, posso ver. É tudo bem violeta mesmo.

– Essa colônia, Osmar, desenvolve técnicas voltadas para a cura de enfermidades cardíacas. Os seus educandários e laboratórios de espíritos estudiosos oferecem ajuda não só no plano espiritual, mas também aos estudiosos encarnados. Os resultados de suas pesquisas, e o avanço médico no setor cardíaco, recebem, direta ou indiretamente, a influência positiva dessa colônia. Inspira-os tanto nos transplantes de coração, como nas pequenas, médias e grandes cirurgias cardíacas. Todo avanço desenvolvido nessa área tem origem desta colônia, assim como todos os transplantes de órgãos recebem orientação dos espíritos através desta colônia.

– Nunca pensei que os espíritos interferissem tanto assim em nossa vida.

– Estamos mais presentes em suas vidas do que vocês imaginam.

– Agora, à nossa esquerda, você está vendo uma colônia chamada Gramado. Os profissionais desta colônia desenvolvem um trabalho específico. Eles são exímios em técnicas de estudo relacionadas à coluna vertebral, à coordenação motora das pernas, braços e pés. Os profissionais que atuam nessa área sofrem influência dos espíritos dessa colônia. É aqui que são feitas descobertas plasmadas na Terra para os médicos aplicarem nas pessoas doentes.

– Nossa, Lucas!

– À sua direita, você agora vê a Colônia do Abacateiro. Essa colônia desenvolve técnicas e tratamentos específicos para o atendimento renal, tanto no perispírito quanto no auxílio a todos os processos de enfermidade renal dos encarnados e dos espíritos em resgate nesse setor. Ou seja, todos os que sofrem de crises renais ou têm doenças nos rins recebem influência dos espíritos dessa colônia.

– Lucas, vejo que aqui tudo é bem organizado e bem separado.

– Na verdade, as cidades e as colônias espirituais foram criadas para dar a todos os espíritos a oportunidade de evoluírem. Ninguém desencarna e fica desocupado ao chegar à vida espiritual. Todos que chegam aqui têm algo a fazer, algo a dar, algum conhecimento adquirido que pode ser exteriorizado para outros espíritos. Dessa forma, todos os seus conhecimentos são utilizados nas colônias específicas. Por exemplo, se você foi um grande cirurgião cardíaco, você será recebido em uma colônia que cuida de cardíacos; se você foi um médico veterinário, você será recebido em uma colônia que cuida de animais; se você foi um biólogo marinho ou trabalhou com o oceano, você será recebido em uma colônia que cuida dos oceanos, e assim sucessivamente. Tudo é perfeito e parecido com o que você está acostumado. Olhe à sua frente agora e verá a Colônia Estudo e Vida.

– Interessante essa colônia. Ela tem um formato diferente.

– Sim, é uma colônia muito diferente. A finalidade dela é o estudo da vida. Todos que desejarem se aprofundar em algum estudo de autoconhecimento para compreender os próprios conflitos e desencontros, sobre qualquer assunto que vise o bem, a elevação dos conceitos e a busca de Deus (desde que tenham horas-bônus suficientes para se inscrever na colônia), poderão se dirigir a ela e permanecer aqui enquanto assim desejarem. Espíritos, Osmar, também fazem uma retrospectiva se reprogramando para o futuro e verificando quais pontos ainda os fazem ingressar na matéria para, posteriormente, deixarem o planeta Terra em busca de outro.

– A cada colônia que passo, mais surpreso fico.

– Ele é perfeito, Osmar. Agora, vou mostrar a penúltima colônia de hoje.

– Eu gostaria de conhecer todas, Lucas.

– Você ainda não está preparado para todas.

– Sério?

– Ainda não está preparado. Essa colônia que você está vendo agora é a Colônia Arco-Íris. Espíritos volitam entre esse arco-íris, como se fosse viaduto no espaço, em tarefa de amparo aos encarnados, conhecidos como os filhos do arco-íris. Essa colônia tem um objetivo muito específico: trabalha com querubins, anjos e arcanjos. Em outra oportunidade, vou explicar um pouco sobre isso, mas quis trazê-lo agora, por meio desse passeio, para que você relate para todas as pessoas que lerão este livro, que existem muitas possibilidades na vida espiritual. Deus não está inerte; Deus está ativo a todo tempo e, a todo tempo, Ele cria e recria ou cocria com seus filhos. Lembre-se: há muitos mistérios na vida espiritual, e você tem de estar preparado para, quando chegar aqui, lidar com esses mistérios de forma natural, pois são mistérios naturais, e Deus quer que você evolua naturalmente.

– Estou muito impressionado com tudo o que vi aqui agora, Lucas.

– Não se impressione, escreva!

– Estou dando o melhor de mim.

– Faça a sua parte.

O veículo, então, diminuiu a velocidade, e pude ver a Colônia Laços Eternos sob nossos pés.

– Olha, Lucas, é a Colônia Laços Eternos.

– Sim, essa colônia recebe espíritos em suas últimas encarnações e é aqui que se pode programar ascender a planos superiores. Você escreveu sobre ela.

– Sim, tive o privilégio de escrever um livro sobre essa colônia.

– Agora, vou levar você de volta e, em outra oportunidade, temos outras coisas que queremos mostrar. Prepare-se para as experiências que você vai viver agora.

– Sou grato por todas elas, Lucas.

– Em breve, procuro você para falarmos sobre os outros umbrais.

– Estou ao seu dispor.

– Até breve, Osmar!

– Até breve, Lucas!

– Até breve, Jonas!

– Até...

Naquele momento, voltei para a minha vida normal muito impressionado com as cidades espirituais que vi. Deus é muito perfeito, e tem muita coisa que precisamos compreender da grandeza de Deus. Devemos deixar nossa pequenez e adentrarmos, mesmo que temporariamente, na grandeza de Deus.

Voltei feliz para a minha vida cotidiana, em razão da oportunidade que tive de conhecer tantas colônias espirituais, mesmo que superficialmente, mas as vi e elas são reais e nos aguardam.

Espero, um dia, encontrar você em uma delas, caro leitor...

"

Há muitos mistérios nas coisas de Deus.

"

Osmar Barbosa

O médio Umbral

O médio Umbral é muito parecido com o nosso plano terreno, embora haja menos luz. São cidades muito parecidas com as nossas, e concentram a maioria dos espíritos que estiveram na erraticidade, como já disse. Foi nesse lugar que reencontrei Lucas e Jonas.

Cheguei ao meu escritório naquela manhã, e um enorme túnel se abriu à minha frente. Imediatamente, desdobrei-me e o adentrei. Do outro lado, estavam os mentores.

– Desculpe não ter ido buscar você, Osmar.

– Sem problema, Lucas. Eu ouvi o seu chamado e aqui estou para darmos continuidade ao nosso trabalho.

– Você está bem, Osmar?

– Sim, Jonas, estou bem, mas muito curioso com essa psicografia. Nesta obra, vocês abordam um tema muito interessante e que muito me agrada.

– Esperamos que todos os seus leitores absorvam os ensinamentos trazidos nestas linhas e os coloquem em prática em suas vidas. Dessa forma, atingiremos nosso objetivo.

– Posso falar uma coisa? – perguntei.

– Claro, é para isso que estamos aqui – disse Jonas.

– Não é só para falar que estamos aqui, Osmar, mas também para ouvir. Fique à vontade...

– Me sinto lisonjeado, Lucas. Obrigado pelo carinho sincero.

– O que você quer saber?

– Na verdade, não quero saber, quero desabafar... preciso colocar para fora o que estou vivendo e, quem sabe, ouvir um conselho de vocês.

– Somos todo ouvidos, Osmar.

– É que é tão difícil ver que as pessoas (principalmente, os médiuns, que recebem a benesse da mediunidade) não estudam o fenômeno, não se aprofundam nos estudos filosóficos, não investem tudo o que podem no dom recebido nesta encarnação. Sequer leem livros espíritas. Na verdade, fico triste em ver que desperdiçam o dom da mediunidade, o qual deveria ser usado para auxiliar na evolução de todos. É um dom que vem sendo utilizado de forma grotesca; chega a ser hilário o que tem acontecido nesse universo da mediunidade e nos centros espíritas.

Perdoem-me, não é uma crítica, pois não tenho o direito de criticar quem quer que seja. É, na verdade, uma curiosidade misturada com revolta por tudo o que vejo, sinto e passo no exercício do trabalho mediúnico. Pessoas sendo enganadas por supostos médiuns que sequer sabem, de fato, o que é a mediunidade. Charlatanismo a cada esquina, pseudo-médium inventando incorporações fantasiosas só para arrecadar dinheiro com uma mentira e enganar os leigos.

Mais uma vez, perdoem-me o desabafo, mas é desanimador trabalhar no exercício mediúnico no meu plano. Eu mesmo, por vezes, penso em desistir e ficar somente escrevendo os livros, pois ir à casa espírita e lidar com tanta hipocrisia tem me afetado muito. Temos que dar um basta em tanta mentira e tanta enganação. Se as coisas continuarem como estão, certamente o espiritismo vai virar uma palhaçada, onde somente os mentirosos e os enganadores terão seus egos satisfeitos. Há alguns pontos que eu gostaria de relatar a vocês.

– Continue, Osmar – disse Jonas.

– Mas por que você está desanimado do centro espírita? – perguntou Lucas.

– Me perdoe, Lucas, me perdoe sinceramente Jonas, mas primeiro é porque, de cara, você já é comparado a esses charlatões. Segundo, porque toda dedicação e entrega não são valorizadas pelas pessoas que são verdadeiramente ajudadas por médiuns sérios, os quais dedicam suas vidas ao amor ao próximo, dedicam seu tempo, horas e mais horas ao trabalho evangelizador e, quando menos se espera, seus amigos ou auxiliares se perdem nos labirintos egoístas de uma falsa mediunidade, deixando-se levar pela falsa incorporação, falsos mentores, falsos guias e por aí vai. Não que eu pense que temos de ganhar tapinhas nas costas pelo trabalho que realizamos, mas um pouco de gratidão e respeito não faz mal a ninguém.

Para os dirigentes sérios, é muito difícil e triste ver seus auxiliares, médiuns, voluntários, tarefeiros, enfim, todos os que se envolvem direta ou indiretamente com a casa espírita, se perderem nos labirintos da falsa mediunidade. Quando esses dirigentes se dão conta, lá está o fulano ou a fulana falando mal de quem dedicou tanto tempo e amor a esses ingratos. Basta sentirem um calafrio para exteriorizarem o que eles chamam de guias, mentores etc., sem sequer saberem distinguir incorporação mediúnica de animismo. Sequer sabem ou estudam o que é animismo.

Eu não estou aqui julgando ninguém, cada um sabe de si e é responsável por aquilo que faz, prega e realiza. Eu sei que se colhe na vida espiritual a semeadura terrena, mas é exatamente isso o que me deixa muito chateado. Quando estamos em estudo, em franco trabalho no centro espírita, todos acreditam em espíritos, nessa Lei de colheita etc. Porém, basta uma pequena contrariedade para que tudo o que se pregava vire mentira e falsidade. O que mais me aborrece no trabalho da mediunidade é a hipocrisia desses supostos médiuns. São pessoas vazias, sem amor-próprio, sem conhecimento e desejo evolutivo. Isso é mais comum do que se imagina dentro das casas espíritas, sejam elas quais forem. Vemos isso em todas as religiões espíritas, infelizmente.

Eu sei, ou nem sei por que estou desabafando com vocês, mas se eu não falar com vocês, com quem vou falar?

Preciso botar para fora, afinal, são mais de 40 anos de trabalho dedicados à mediunidade. Tudo tem um limite, e acho que o meu está chegando. Quem dará ouvidos a um médium se as coisas continuarem como estão? Hoje te amo, amanhã te odeio. Como assim? Não dá para brincar com mediunidade... não dá para brincar com a vida após a vida. Ela é real, ela existe! Será que os espíritas acreditam mesmo que a vida continua?

Se realmente você acredita que a vida continua, por que deixa o centro espírita? Por que deixa sua mediunidade? Por que finge ser médium? Finge acreditar? Por que, meu Deus, você continua fingindo ser o que não é? Será que você acredita mesmo que há algo após a vida? Será que você coloca em prática tudo o que fala sobre o espiritismo? Se realmente existe uma vida após a vida, e você acredita nisso, por que age contrário a tudo o que os espíritos te ensinam? Até quando receberemos tapinhas nas costas e falsidade deliberada pelos corredores dos centros espíritas? Por que tudo está tão confuso e perdido? Onde está a verdade?

Vemos grupos religiosos se dividindo quando deveriam se unir. Uns dizem que esse está errado e que é o pensamento dele que está correto; que é o livro dele que é o verdadeiro; que a forma correta de expressar o espiritismo é como ele faz... mas quem está certo, Lucas? Quem está fazendo a coisa certa, Jonas? Perdoem-me, mas esse é o desabafo de um médium que dedica sua vida ao próximo. Um homem que vive para o espiritismo, que quase não se diverte, quase não sai, quase não se expõe, quase não vê os filhos, os netos e os familiares, porque dedica seu tempo ao trabalho incansável da mediunidade. Como é triste para mim, meus irmãos, ver tanta hipocrisia em nome de vocês.

Por que as coisas são assim? Para que a mentira? Para que enganar pessoas de intelecto inferior? Qual o benefício de fingir a mediunidade? Será que esses espíritos não vão sofrer após deixarem a encarnação? É justo enganar? Mais uma vez, peço perdão a vocês, parece que o livro é meu, mas ele não me pertence, e os senhores sabem muito bem disso. Estou no meu limite e não sei o que fazer. Peço-lhes orientações, se for merecedor delas.

– Se todos falassem a verdade, como você está falando agora, Osmar, tudo seria melhor – disse Lucas.

– O dia em que eu não falar a verdade, não tenho mais razão para viver. Um cristão não se compraz com a mentira.

– Continue assim– disse Jonas.

– Estou angustiado com o que estamos vendo ser feito com a religião espírita. Dia desses, fui ao cinema com a minha esposa assistir a um filme. Era adaptação de um livro de uma médium que escrevia sobre o espiritismo do jeito dela e sempre foi muito criticada. Essa escritora sofreu horrores nas mãos daqueles que diziam ser os defensores do espiritismo, os pseudo-sabedores da verdade.

Lembro-me de que, quando era perguntada sobre qual era a sua religião, ela dizia que não tinha religião, que era simplesmente uma escritora. Ela dizia que os seus livros não eram espíritas, pois já não suportava mais tantos julgamentos e críticas relacionadas ao seu nome. E, para a nossa surpresa, o filme foi patrocinado exatamente por aqueles que a crucificaram quando estava viva. Foram eles que produziram o filme e fazem questão de colocar seus rótulos na obra cinematográfica. Uma vergonha... algo sobrenatural...

Onde está a seriedade e o respeito aos espíritos? Onde está a honestidade desses dirigentes e dessas federações? Bando de hipócritas, mentirosos, interesseiros, falsos e enganadores. Uma vergonha para o espiritismo. Eu mesmo sofro horrores com os julgamentos desses hipócritas, mas estou me lixando para o que eles dizem ou pensam sobre o que escrevo. Eu tenho o dom, amigos. Mordam-se! A inveja que vocês têm do meu trabalho soa para mim como elogios a um médium que sempre ouve as orientações dos espíritos. Jamais me venderei às suas verdades.

Não sou dono da minha mediunidade, e ela não está à venda por valor nenhum. Sempre segui e sigo as orientações espirituais, e elas não vão agradar aos senhores, porque o que agrada aos senhores são as contas bancárias recheadas de dinheiro. Não sou perfeito, porque o perfeito foi crucificado por vocês. Foram vocês que condenaram um Santo homem em troca de um bandido, um ladrão, porque, naquele tempo, os seus interesses financeiros eram mais importantes. Foi a ideologia religiosa quem levou Jesus à Cruz.

Cometo erros todos os dias, e essas palavras podem me custar caro algum dia, mas jamais venderei minha mediunidade à hipocrisia dos senhores. Se não houvesse verdade em meu trabalho, eu estaria com um turbante na cabeça, cheio de guias no pescoço, fazendo adivinhações em vídeos na internet para angariar seguidores e arrancar dinheiro de pessoas inocentes. Mas nunca me prestei a isso e nunca me prestarei a fazer, dizer ou exercer o que não tenho. Eu sou médium e tenho muito orgulho da minha mediunidade. Perdoem-me, Lucas e Jonas, mas eu precisava escrever isso. Preciso me fazer entender.

– Não se preocupe conosco. Continue seu desabafo. Ele é muito útil para que os estudiosos façam uma reflexão sobre seus atos.

– Certa vez, num jantar de confraternização de um grupo, meu nome foi citado à mesa. Havia muitas pessoas sentadas comendo, quando uma mulher decidiu falar mal de mim. Após sua crítica, outra mulher que não me conhece se levantou e disse: "você é capaz de criticar o Osmar, mas deixe-me dizer uma coisa: 'eu não o conheço pessoalmente, não sou adepta do espiritismo, mas uma coisa eu sei e devo ressaltar… quem nessa mesa tem ou teria a coragem de construir um enorme hospital, que, certamente, custou alguns milhares de reais, para receber e ajudar pessoas? Quem de vocês teria coragem de fazer isso?'".

Todos se calaram, inclusive a mulher que falava mal de mim.

É fácil criticar, é fácil julgar, mas poucos têm coragem de fazer. Deus e vocês sabem o que passei para construir o Hospital Amor e Caridade. Se fossem somente as dificuldades financeiras, eu estaria feliz. O pior, de tudo que passei, foram os olhares e as acusações de que eu estava roubando o dinheiro arrecadado para a construção do hospital. Eu sequer tinha um carro para andar naquela época. Essas pessoas que falavam mal de mim sequer me conheciam ou sabiam meu CPF.

Hoje, o Hospital Amor e Caridade atende mais de 1 000 pessoas todos os meses, com diversos tratamentos espirituais e humanos. Centenas de pessoas são curadas, milhares de mães nos procuram porque perderam seus filhos para o suicídio e saem de lá consoladas. Gestantes abandonadas pela sociedade que lhe aponta o dedo, mas lá elas recebem enxoval completo para seus bebês desamparados.

Aqueles que se dedicam a criticar quem faz alguma coisa pelo outro deveriam começar a fazer alguma coisa por si. Somente assim conseguirão se libertar das mazelas das encarnações. Ficam no vai e vem da expiação, desencarnam e encarnam sem limites... muitos dizem acreditar nos espíritos, dizem acreditar na vida eterna. Mas o que fazem para provar isso?

O que você, que se diz médium ou espírita, está fazendo pelo próximo? Aprendeu a amar seu semelhante como a si? Está mesmo na religião certa ou quer apenas se exibir com aquilo que não tem? O que me consola é que todos os que, como eu, dedicam-se à caridade sofrem como eu sofro todos os dias. Eu aprendi com vocês que "*mediunidade é um dom divino que divinamente devemos exercer*". Palavras de Frei Daniel.

– Faço das suas palavras as minhas, Osmar – disse Lucas.

– Você concorda comigo?

– É por isso que estamos ao seu lado. Na hora em que você se desviar da proposta mediúnica a qual se propôs quando planejou a sua encarnação , seremos os primeiros a nos afastar de você – disse Jonas.

– Eu nem sei por que falei tudo isso, meus amigos.

– Porque você está no médio Umbral.

– Não entendi.

– Seu plano terreno é o médio Umbral.

– Quer dizer que aqui é o Umbral?

– Sim, um Umbral médio, como dissemos.

– Lembra que dissemos que o médio Umbral é muito parecido com o plano terreno? – perguntou Lucas.

– Sim, nas primeiras linhas deste capítulo, se não me engano.

– Exatamente. Não existe portal entre o médio Umbral e o plano físico: eles se entrelaçam, interagem um com o outro o tempo todo. Em seu plano, o bem e o mal estão mais presentes do que nos outros planos, e é essa interação que força a evolução dos espíritos que nele se encontram. No baixo Umbral, você poderá ver onde estão espíritos que se destinaram ao mal, e estão conscientizados do que são e querem continuar vivendo dessa forma. No alto Umbral, estão aqueles que já fizeram a escolha e desfrutam da evolução conquistada entre as vidas em todos os planos espirituais.

– Meu Deus! Eu não tinha pensado nisso.

– Pois são essas as divisões existentes, e elas são naturais, como já explicamos.

– Quer dizer que, dependendo da condição em que me encontro atualmente, posso desencarnar e continuar a viver na Terra?

– Dificilmente você fará essa escolha.

– Por quê?

– Porque, quando você desencarna, você se reconhece como espírito eterno e, ao se reconhecer, você descobre que precisa evoluir para alcançar os planos superiores, local onde está toda a sua história espiritual, o seu arquivo existencial.

– Entendi... quer dizer que meus arquivos espirituais não estão no médio Umbral e, muito menos, no baixo Umbral. É isso?

– Exatamente. Todo o seu arquivo espiritual está nas cidades espirituais, nas colônias, e elas ficam no alto Umbral, como já explicamos.

– Mas não corro o risco de querer ficar preso aos meus familiares, às minhas coisas?

– Você também vai descobrir que ficar preso a isso é se atrasar. Vai aprender que aqueles que ainda estão encarnados vão precisar de você quando deixarem a carne, e você só será capaz de ajudar quem você mais ama, se tiver condições espirituais para ajudá-los. Aí começa seu interesse em ir correndo para o alto Umbral para adquirir seus conhecimentos adormecidos e se reencontrar consigo mesmo, acoplando a sabedoria esquecida para a última encarnação.

Há um arquivo de conhecimento e uma história que você precisa se lembrar para poder ajudar quem você ama. Você vai perceber que as coisas materiais são perecíveis e que pertencem ao mundo dos encarnados. Outra coisa que você logo vai querer esquecer é que os bens que você deixou, por vezes, terminam em discórdia e muita tristeza. É nessa hora que você vai querer se afastar e cuidar de você primeiro para, posteriormente, ter força e sabedoria para cuidar dos outros.

– Obrigado, Jonas. Seus ensinamentos me modificam.

– Essa é a intenção.

– Osmar, há uma informação que precisamos registar neste livro.

– Sou um lápis, Jonas.

– Anote aí: os desencarnados, quando não são atraídos para a parte mais densa dessa região (médio Umbral), ficam vivendo entre vocês até que se compreendam como espíritos e procurem auxílio. É muito comum que aqueles que sequer sabem que são espíritos vivam essa condição. Sofrem tentando ser vistos, choram como se estivessem encarnados e, por vezes, precisam se alimentar como se sentissem fome.

– Muitas pessoas me procuram, Jonas, reclamando de alguém que morreu e que parece que o falecido ou a falecida não foi embora.

– É realmente muito comum, infelizmente.

– Isso é uma obsessão, Lucas?

– É um tipo de obsessão.

– E como "se livrar" desse familiar que insiste em viver ao nosso lado?

– A prece é o remédio ideal para qualquer tipo de obsessão.

– Se eu pudesse, diria a vocês tanta coisa que penso e sinto, mas não sei se devo. Não sei se é certo o meu desabafo.

– Osmar, tenha calma. Na verdade, nós provocamos em você esse desabafo primeiro, para que você se sinta melhor e mais relaxado com o que iremos mostrar nesse plano (ou melhor, nesses umbrais) – disse Jonas.

– Eu peço desculpas, novamente.

– Não se desculpe. Estamos mais presentes em sua mente do que você imagina. Lembra que lhe disse que, às vezes, precisamos preparar o médium para a psicografia? – perguntou Lucas.

– Sim, lembro.

– Pois fique calmo e tenha certeza de que estamos ao seu lado o tempo todo, intuindo naquilo que desejamos informar.

– Eu sei disso. Tem horas que tenho certeza de que nem os meus pensamentos me pertencem.

– Isso é mediunidade.

– Aprendi a me relacionar com minha mediunidade de forma serena. O que me aborrece não é a mediunidade, mas como ela é tratada pelas outras pessoas.

– Cada um colhe o fruto da semeadura. Preocupe-se com o que você está semeando.

– Obrigado, Lucas.

– Olha, Osmar, este livro mesmo é uma árvore frutífera. Nas linhas deste livro, todos poderão encontrar frutos que os levarão a planos superiores. Mas também há aqueles que, pelo julgamento inferior, deixarão de evoluir simplesmente pela tolice de se achar superior aos espíritos, por achar que você está fazendo isso por interesse. Deixe que pensem o que quiserem. Todos têm o tempo certo para aprender e evoluir.

– É o que mais vemos, Lucas. Infelizmente.

– Cumpra o seu destino, isso é o que importa.

– Faço o melhor possível.

– Continue a escrever, Osmar – disse Lucas.

– Pode deixar, eu não vou me calar. Enquanto eu puder, estarei a serviço dos espíritos para trazer o máximo de informações sobre o que nos espera nas esferas espirituais.

– Faça isso – disse Jonas.

– O que faremos agora?

– Agora, nós vamos visitar um lugar onde vocês poderão ver o que acontece com quem está fora da sintonia evolutiva.

– Podemos ir?

– Você está pronto?

– Olha, Osmar, o que vamos mostrar é meio perturbador, mas não se assuste, apenas escreva.

– Pode deixar, Jonas.

– Venha, Osmar – disse Lucas entrando em um portal que se abriu à nossa frente.

Não fomos muito longe. A sensação que tive é que atravessamos uma rua; o lugar a que chegamos era um pequeno ginásio, como esses que vemos nas nossas escolas. Havia muito espíritos sentados nas arquibancadas laterais. Homens, mulheres, jovens de ambos os sexos e poucas crianças, muito poucas mesmo.

“

Colhe-se na vida espiritual a semeadura terrena.

”

Osmar Barbosa

Exílio voluntário

Na rua do ginásio havia casas e comércios abertos. O movimento era intenso de espíritos indo e vindo para todos os lados.

– Venha, Osmar, vamos entrar – disse Lucas.

– Onde está o Jonas?

– Ele já está vindo.

Entramos e nos dirigimos a uma mesa na parte central da quadra, onde estavam sentados quatro mentores: duas mulheres e dois homens. Um dos homens era um rapaz de uns 25 anos de idade; o outro, era um senhor de uns 70 anos. As mulheres tinham aproximadamente 30 anos. Uma era morena e, a outra, ruiva.

Nos aproximamos um pouco mais da mesa.

– Olá, Lucas!

– Olá, Veridiana!

Eu reconheci aquela mulher. Ela estava no livro *O Diário de um Suicida*.

– Olá, Osmar.

– Oi, Veridiana.

Calei-me, pois onde a conheci ninguém merecia estar.

– Essa é a Fênix, Osmar, e esses são o João e o Claudemir.

Todos me cumprimentaram com um sorriso.

Eu os cumprimentei com um leve sorriso envergonhado.

– Sentem-se – disse Veridiana, apontando para duas cadeiras próximas da enorme mesa montada.

Em cima dela, algumas jarras com água e alguns copos em frente aos lugares em que estávamos sentados. Uma enorme toalha branca forrava a mesa, na qual pude observar que havia mais alguns lugares ainda sem espíritos.

Sentei-me ao lado do Lucas.

Toda a plateia assistia calada à nossa entrada. Quase não se ouvia nada. Todos estavam olhando fixamente para nós.

– Lucas?

– Sim.

– Que lugar é esse?

– Espere e você terá respostas para tudo. Tenha calma e escreva.

– Pode deixar.

Veridiana se levantou e começou a ler um documento que trazia nas mãos.

– Senhoras e senhores, jovens e crianças, boa tarde!

Ouvimos um murmurinho no ambiente. Parecia que todos cumprimentavam ela, mas em voz baixa.

– Dentro do processo conhecido por vocês, hoje iremos deliberar sobre a transferência daqueles que estão preparados para seguirem para sua nova morada. Dentro de alguns minutos, o veículo de transporte estará à disposição dos escolhidos e, como todos sabem, nosso trabalho aqui é levá-los ao seu destino. Nos responsabilizamos somente pelo transporte dos senhores e das senhoras. Não temos responsabilidade sobre nada do que lhes acontecer daqui por diante, mas podemos assegurar que o amor incondicional de nosso Pai está presente em toda a criação, e isso não seria diferente com os senhores e com as senhoras. Por permissão – e somente por ela –, hoje temos a presença de um médium que está relatando tudo o que está vendo em desdobramento para a confecção de um livro que instruirá aqueles que desejarem aprender e conhecer um pouco mais sobre o exílio dos espíritos do planeta Terra. Agora, vamos mostrar a esse médium o lugar em que estamos para que ele possa relatar com fidelidade o que assiste e, dessa forma, relatar um pouco do que começa a acontecer nesse dia em seu planeta.

Naquele momento, tudo rodou. Fizemos um giro completo, e a mesa em que estávamos passou para o canto da quadra, que estava transformada num grande centro espírita. A princípio, fiquei muito assustado, mas olhando para o meu lado e percebendo que o Lucas continuava comigo, eu me acalmei.

Estávamos, na verdade, diante de uma sessão espírita. Todos os que estavam sentados nas arquibancadas quando chegamos, agora estavam participando de uma enorme sessão de incorporação, a famosa psicofonia.

– Olhe com atenção, Osmar, e relate o que você vê.

– Pode deixar, Lucas.

Meus leitores e amigos, começou o teatro. Todos aqueles supostos médiuns fingiam estar incorporados com guias, mentores etc. Um horror tudo aquilo. Eles davam consultas, cobravam valores, ameaçavam as pessoas dizendo ser isso ou aquilo. Diziam fazer parte do inferno, que trabalhavam com o diabo e muitas outras coisas.

Mulheres, moças e jovens fingindo estar incorporados; mas, na verdade, estavam de olho nos consulentes. Senhoras e senhores sentados em banquinhos, desses de preto-velho, pregando mentiras, enganando as pessoas. Todos que estavam ali, sem exceção, estavam numa tela imensa mostrando exatamente o que eu havia dito há pouco neste livro. Todos mentiam e enganavam as pessoas.

Olhei assustado para o Lucas, e ele me olhou e disse:

– Veja agora.

Virei meu rosto para olhar para o grande salão e EVITAR todos os que fingiam, estavam, na verdade, sob influência de obsessores poderosos. Eram os obsessores que utilizavam a mediunidade deles para pedir, ameaçar, cobiçar etc. Eles eram médiuns, estavam incorporados, mas não eram úteis aos bons espíritos.

Após alguns minutos daquele horror, tudo girou novamente, mas agora em sentido contrário. Todos voltaram a se sentar nas arquibancadas e a nossa mesa voltou para o centro da quadra. As imagens que antes estavam numa enorme conga, e os tambores, tudo sumiu como se tivessem trocado o cenário daquilo que eles queriam me mostrar.

– O que houve agora, Lucas?

– Agora, vamos acompanhar…

Veridiana se sentou em seu lugar, e Claudemir lhe entregou alguns documentos. Eu EVITAR eram como se fosse um formulário, em que, na parte de cima, tinha uma foto da pessoa e, na parte de baixo, seus dados e algumas anotações. Uma ficha de anamnese.

– Vamos convidá-los por ordem alfabética– disse ela.

João colocou duas cadeiras à nossa frente.

– Senhora Armanda e senhor Sérgio.

Uma jovem se aproximou da mesa e se sentou na cadeira colocada à frente. Ao seu lado, um rapaz estava em sua companhia.

– Senhor Sérgio?

– Sim.

– O senhor está bem?

– Sim, senhora.

– E a senhora Armanda?

– Estou bem, senhora.

– Pois bem, devo informar que suas decisões agradam muito aos mestres superiores. Parabéns por decidirem recomeçar.

– Nós é quem agradecemos por nos permitirem renascer e recomeçar nossa história– disse a jovem.

– Trouxemos esse escritor para que ele possa relatar um pouco sobre vocês. Estão dispostos a falar?

– Sim, não temos problemas em relatar por que estamos sendo exilados.

– Podem começar?

– Sim, estamos prontos– disse Sérgio.

– Posso interferir?

– Sim, Osmar. O que houve?

– Eles serão exilados do planeta Terra?

– Sim, todos esses que você vê aqui estão à espera do veículo de transporte que os levará para outro planeta, onde poderão estudar, planejar sua encarnação e, assim, recomeçar o processo evolutivo.

– Mas eu não estou entendendo.

– O que você não está entendendo?

– Exílio voluntário? É isso?

– Deixe que eu explico, Lucas. Se você não se importar, é claro.

– Sem problemas, Veridiana. Pode explicar.

– Bom, vamos lá. Seu planeta adentrou a Nova Era e, como todos sabem, aqui neste Umbral não haverá mais reencarne de espíritos que desperdiçaram as múltiplas oportunidades evolutivas.

A encarnação é o mais justo instrumento evolutivo que Deus concede aos seus filhos. Quando não vamos muito bem numa escola, nada mais justo do que trocar o aluno de escola quando estamos cansados de reprová-lo. Devemos agir dessa forma também.

Assim começa o exílio. Estamos sobre o orbe negociando primeiramente com aqueles que se compreendem como espíritos eternos e que estão certos de que desperdiçaram todas as chances que receberam, reconhecendo que só há um jeito: o exílio; um novo recomeço.

Primeiro, estamos negociando; depois, capturaremos aqueles não desejosos de sair daqui e os levaremos aprisionados para outros planetas e outras dimensões. É Osmar o seu nome, não é?

– Sim, meu nome é Osmar.

– Deixe-me lhe ensinar uma coisa. Preste muita atenção.

– Sou todo ouvidos.

– Não há um planeta específico para receber os espíritos que serão exilados da Terra. Até porque, os espíritos que deixarão este Umbral estão em situação espiritual diferente. Aqui, temos espíritos evoluídos, porém rebeldes. Temos rebeldes, insanos. Temos inteligentes, mas rudes, que se negam a crer na existência de um Criador. Temos cristãos fanatizados por seitas. Temos espíritas que abusaram da relação mediúnica, estão conscientes de suas falhas e desejam a reparação. Temos os espíritas que decidiram adorar os magos negros e seus auxiliares, comprazendo-se com o mal praticado a qualquer preço.

Temos uma infinidade de situações pontualmente analisadas por equipes de espíritos puros, os quais determinam em quais planetas esses irmãos vão recomeçar. Sendo assim, é importante que você relate e escreva que são centenas de planetas, habitados ou não, que ainda receberão os espíritos exilados da Terra, aptos a recebê-los.

É a condição espiritual do irmão que determina para ele onde será levado. Esses que você vê aqui são resultados de um trabalho feito há anos aqui no médio Umbral. Esses espíritos estavam em situação diversa. Após vários encontros, cursos e estudos, conseguimos arregimentar esses irmãos que hoje deixam a Terra e vão aportar em outros planetas, como dito anteriormente.

Alguns vão com aqueles que se afinam durante as encarnações terrenas; outros serão separados pela mesma falta de afinidade. Tudo é negociado quando o irmão desencarnado quer receber ajuda. Ainda não estamos na etapa em que os espíritos maus serão exilados compulsoriamente, por isso o mal está em tamanha evidência entre os encarnados. A rebeldia é viva atualmente no seu planeta.

Os últimos que estão encarnados, na verdade, estão recebendo sua última encarnação como a prova mais difícil para o espírito. Infelizmente, o que estamos vendo é que esses irmãos estão perdendo a guerra.

– Posso relatar um fato, Veridiana?

– Sim, Lucas, fique à vontade.

– Osmar, qual foi a última religião a chegar para vocês no orbe terreno?

– Acho que foi o espiritismo.

– Acha?

– Não tenho certeza. Mas posso pesquisar para saber.

– Então, pesquise.

Após uma rápida pesquisa, vi que realmente foi o espiritismo a última religião a chegar para nós.

– A última religião que chegou para nós foi mesmo o espiritismo, Lucas.

– E ele se derivou?

– Derivou? Como assim?

– Outras religiões foram criadas a partir do espiritismo?

– Sim, várias religiões.

– Pois bem, deixe-me lhe dizer uma coisa. Preste atenção.

– Sim.

– Quantos anos têm o espiritismo sobre a Terra?

– Oficialmente, 166 anos.

– É certo que já se cultuava os espíritos muito tempo antes de Allan Kardec codificar a doutrina e, a partir da codificação, tornou-se uma religião.

– Verdade.

– Com o advento da regeneração, seu planeta começou a ser preparado para a Nova Era, e a religião espírita fez parte desse projeto. Decidiu-se que vocês precisariam de mais orientações sobre a vida após a vida, já que as palavras de Jesus não foram suficientes para guiá-los no processo evolutivo dos espíritos.

A religião chegou trazendo consigo a conscientização da mediunidade, instrumento perfeito para as comunicações entre os planos. Dessa forma, atenderia perfeitamente à nova ordem, que era de informar melhor aos encarnados sobre a vida após a vida, e isso começou a ser feito através das mensagens de diversos médiuns.

Acontece que os umbrais já estavam sobrecarregados, e nossos infelizes irmãos decidiram agir sobre os médiuns falidos, aqueles que não são médiuns, mas que exteriorizam muito bem o animismo. Dessa forma, o que foi plasmado no plano físico para ser útil aos espíritos superiores foi corrompido pelo mau-caratismo dos espíritos encarnados.

– Meu Deus!

– Ele mesmo permitiu que se desse início a Regeneração. Não há mais espaço para o mal entre vocês.

– Quer dizer que os espíritos ruins se utilizaram da mediunidade, ou melhor, dos maus médiuns para desacreditar nas coisas de Deus?

– Exatamente. Eles se infiltraram nas casas espíritas, nas searas do bem e nos trabalhadores do amor para fazerem desacreditar a religião transformadora.

– Ainda bem que falei tudo o que falei anteriormente. Eu sei que posso ser mal interpretado, mas a situação das casas espíritas está insuportável.

– Como dissemos, usamos os médiuns para nos auxiliarem naquilo que queremos informar. Mas nem tudo está perdido, tenha calma.

– As coisas vão melhorar?

– Sim, e muito.

– Como se dará essa melhora?

– Não deixando mais encarnar os espíritos que se comprazem com esses obsessores e servem a eles em vez de servirem a Jesus.

– Por isso todos esses médiuns aqui?

– Serão os primeiros a serem exilados.

– O quê? Como assim?

– Os médiuns que falharam em sua missão mediúnica serão os primeiros a serem exilados da Terra. Eles não podem mais reencarnar aqui para não serem mais usados por obsessores, magos, Quiumbas etc.

– Agora entendi aonde vocês querem chegar.

– Separando o ruim do bom, o bom não apodrece, Osmar – disse Veridiana. – Se num cesto de laranjas, houver uma podre, o que acontece com as outras?

– Apodrecem.

– Por isso os médiuns que falharam não reencarnam mais e serão os primeiros a serem exilados. Essa decisão partiu dos planos superiores e foi necessária para tirar, definitivamente, a possibilidade de o mal agir sobre os espíritos encarnados. Fiquem atentos, pois outras medidas relacionadas à mediunidade serão tomadas por nós.

– E os que a fazem corretamente?

– Esses serão nossos auxiliares na Nova Era, pois há muita coisa para mudar. O planeta precisa ser salvo a qualquer custo e será. Não tenham dúvidas disso. Em seu planeta já começaram a chegar os espíritos da Nova Era, eles já estão entre vocês. Eles serão os novos administradores das casas espíritas, em que um novo conceito será implementado e todos poderão extrair, das comunicações espíritas, aquilo a que a religião se propôs: evangelizar, somente melhorar, informar e conscientizar os espíritos encarnados de que existe uma vida após a vida terrena e que, é na vida terrena, que todos devem purgar todo mal existente dentro de si, que tenham condições e méritos para ascender às cidades superiores. Tudo será transformado, fiquem certos disso...

– Eu fico triste por alguns que irão embora, mas fico feliz por aqueles que defendem a mediunidade e fazem um trabalho sério e com ela serão recompensados pelo desprendimento, pela dedicação e pelo sofrimento em prol da melhora de todos.

– Você não quer falar, Armanda?

– Posso?

– Claro, querida!

– Você vai escrever o que falarmos?

– Sim, vou escrever o que vocês me disserem.

– Eu me chamo Armanda, e esse é meu marido Sérgio. Nos ligamos ao espiritismo após a morte da minha mãe, foi pela dor que cheguei aos espíritos. Sérgio e eu tínhamos uma vida simples, mas perfeita. Engravidei da nossa filha, e todos no centro espírita nos tratavam muito bem.

Após o nascimento de Isabela, nosso diretor espiritual nos propôs fazer uma firmeza para a saúde de nossa filha, que nasceu bem debilitada. Os médicos diziam ser da natureza dela, falou para que não nos preocupássemos, pois, com o tempo, Isabela iria crescer como uma criança normal.

Foi quando o inferno espiritual começou em nossas vidas. Eu não queria mais ir ao centro espírita, mas sofríamos ameaça o tempo todo pelo dirigente e seus auxiliares. Eles diziam que nossa menina iria morrer se não fizéssemos os rituais sugeridos pela entidade que se apresentava em todas as reuniões. Foram muitas brigas e desentendimentos, então decidimos sair do centro espírita e irmos para outro, indicado por um amigo em comum.

Assim fizemos. Lá, eu fiz todos os rituais necessários para me tornar uma dirigente espiritual. Sérgio e eu gastamos até o que não tínhamos para sermos considerados sacerdotes. Os anos se passaram, até o dia em que perdi minha Isabela atropelada quando saía da escola. Ela não morreu quando criança como aquela entidade garantia: ela morreu aos 17 anos por uma fatalidade. Me revoltei com tudo e com todos. Pensava: se dediquei tantos anos da minha vida aos espíritos, por que eles deixaram isso acontecer conosco?

Sérgio estava sentado ao lado dela e permanecia calado. Armanda continuou:

– A morte de nossa única filha nos causou uma revolta muito grande. Foi quando decidimos explorar ao máximo o que tínhamos; e o que tínhamos era a mediunidade. Começamos a cobrar das pessoas inventando trabalhos de magia para ganharmos dinheiro, pois queríamos, a todo custo, ficarmos ricos com nosso dom. Na verdade, deixamos de acreditar nos bons espíritos e passamos a servir aos maus espíritos que nos deram muitas coisas. Nos alinhamos aos piores espíritos que vocês possam imaginar nos rituais de magia negra.

Até o dia em que fomos assassinados e acordamos juntos e amarrados no baixo Umbral, onde ficamos por mais de vinte anos aprisionados por aqueles espíritos que se diziam nossos mentores e amigos espirituais. Na verdade, eles eram farsantes e enganadores que nos deram muito, mas nos tiraram o principal: a vida.

Depois de muita oração e pedidos, fomos socorridos por minha filha Isabela, que nos deixou aqui, pois ela pertence ao alto Umbral. Ela nos orientou a encarnarmos em outro planeta e aproveitarmos ao máximo as oportunidades que teríamos para, quem sabe, um dia, podermos nos reencontrar. Não temos outra saída, nem mesmo outra opção. Só nos resta abraçar a próxima vida em outro planeta com todas as nossas forças e recomeçar nossa história.

– Lindo seu relato, Armanda.

– Fizemos questão de relatar para que outras pessoas não desperdicem suas mediunidades com coisas inúteis. Sucesso mesmo é ser do bem, é trabalhar no bem, é ser útil à espiritualidade superior. Não desperdicem seu tempo e sua mediunidade seguindo quem já está perdido. Sigam sempre quem é exemplo de amor ao próximo. Essa é a dica que deixamos registrada em seu livro, escritor.

– Obrigado, Sérgio e obrigado, Armanda por essa oportunidade. Podem ficar tranquilos que seu exemplo será passado para milhares de pessoas que, espero, sinceramente, tirem do que aconteceu com vocês a lição para pararem de fazer o errado ou para não se envolverem com o que não é certo.

– Leve esse relato a todos os que precisam compreender o que está acontecendo nos planos espirituais, meu amigo– disse Sérgio.

– Pode deixar, fiquem tranquilos. Farei a minha parte.

Armanda e Sérgio deixaram as cadeiras e voltaram a se sentar na arquibancada. Todos estavam em silêncio.

– Lucas?

– Sim.

– Quantos médiuns têm aqui hoje?

– Cento e doze.

– Esses espíritos fizeram o acordo?

– Sim, todos eles serão levados para o mesmo planeta, é assim que são separados. Cada grupo é levado para o planeta ao qual os espíritos estão afinados e lá receberão instruções necessárias para reencarnarem e recomeçarem seus processos evolutivos. Alguns frequentarão as escolas, a fim de se aperfeiçoarem, para não desperdiçarem mais as oportunidades evolutivas. Eles estão sendo levados para um planeta que está entrando em provas e expiação; assim, terão bastante tempo para se melhorarem.

– Eles nunca mais poderão visitar seus familiares que, por exemplo, ainda permanecerão aqui?

– Precisarão de permissão e evolução para conseguirem isso. Além, é claro, de bônus-hora.

– Agora compreendo melhor a função do bônus-hora.

– Ele é muito útil aqui, como já expliquei na psicografia do livro *O Diário de um Suicida*.

– Sim, relatamos tudo sobre bônus-hora nesse livro.

Naquele momento, Veridiana pegou mais duas fichas e chamou mais dois espíritos para a mesa.

– Abraão e Barbara. Por favor, sentem-se aqui.

Um senhor de cabelos grisalhos e uma senhora muito elegante se sentaram à nossa frente.

– Parabéns, Abraão e Barbara, pela aceitação e conquista.

– Nós é quem agradecemos a nova oportunidade. Embora tristes, muito tristes, seguiremos o roteiro sugerido por vocês para nossa evolução – disse Abraão.

– Penso ser a escolha apropriada para a condição em que se encontram.

– Parece castigo, mas não devo acreditar que Deus quer nos castigar.

– Deus não castiga seus filhos, Barbara.

– Mas parece que estamos sendo castigados.

– Conte para nós sua impressão, por favor – disse Veridiana.

– Eu fui mãe de santo a vida inteira. Em todas as minhas encarnações, servi aos orixás. Nunca fiz mal a ninguém, sempre trabalhei na caridade e ajudei centenas de pessoas. E olha onde me encontro…

– Mulher, deixa disso, já conversamos muito sobre isso e você insiste em culpar alguém.

– Você aceita tudo com muita facilidade, Abraão.

– Não é questão de facilidade, é questão de inteligência. Eles já nos explicaram centenas de vezes onde erramos, e você insiste em dizer que só fez o bem… você sabe muito bem o que fizemos.

– O fato de alimentar os orixás e neles acreditar não é pecado.

– Realmente, acreditar, cultuar, adorar, reverenciar, alimentar, impor vontades, sacrificar animais e aqueles que sequer tinham o que comer para alimentar imagens de gesso pode não ser nada grave em seu entendimento. Mas a irmã há de compreender que infringiu várias Leis Naturais ao impor seus caprichos e suas vontades como sendo a vontade dos espíritos. Orixás são divindades e, como tal, devem ser tratados e respeitados.

– Mas foi assim que aprendi.

– Pois aprendeu da forma errada e, por mais que fosse avisada, insistia em fazer errado. Mas, agora, a irmã está pronta e preparada para recomeçar.

– Olha, Veridiana, eu só vou para esse novo planeta porque amo demais meu marido e quero muito evoluir para, um dia, poder voltar e rever minhas filhas e minhas netas.

– Você fez uma sábia escolha, Barbara. Abraão, quero parabenizá-lo por estar em condições de ser levado para a nova vida.

– Sem esforço e dedicação, eu não teria conseguido.

– Se livrou dos vícios e agora está pronto. Não é, meu amor?

– Sim, querida, estou pronto para recomeçar.

Naquele momento, um enorme veículo de transporte desceu na rua em frente ao ginásio em que estávamos. Ele tinha o formato de um charuto e era muito grande. Todos se entreolharam assustados com a aparição.

Uma porta lateral se abriu e vimos quando, de dentro daquele veículo, Jonas desceu e caminhou em nossa direção. Vários outros espíritos se aproximaram de nós deixando a nave. Um a um, todos foram levados e colocados no interior do *aerobus*.

Após todos embarcarem, Jonas se aproximou de nós, que estávamos no portão de acesso ao lugar para a despedida. Lucas, Veridiana, seus amigos e eu estávamos felizes após termos ajudado todos a embarcarem.

– Até breve, Osmar!

– Até breve, Jonas!

Veridiana e seus amigos seguiram para o interior da embarcação e todos deixaram o lugar após abraços e sorrisos de despedida.

– Agora, Osmar, eles estão sendo levados para o planeta em que reencarnarão. Uma nova vida, novas oportunidades, novas esperanças…

– Deus é bom, Lucas.

– Ele é amor e bondade.

– Estou feliz em poder escrever essas linhas.

– Nunca desista da sua mediunidade. Mesmo que se sinta sozinho em alguns momentos, nós estaremos sempre ao seu lado.

– Não tenho palavras para descrever minha felicidade ouvindo isso de vocês.

– Como já dissemos várias vezes: escreva, Osmar, escreva.

– Estarei sempre a postos para o serviço da mediunidade. Embora tenham momentos difíceis, não desistirei de continuar escrevendo o que vejo, sinto e aprendo com vocês.

– O tesouro da vida não está na matéria, Osmar. A recompensa pelos sofrimentos vividos na mediunidade está na vida espiritual, e é nela que você vai entender muito mais do que entende hoje sobre o dom que Deus lhe deu.

– Obrigado, Lucas!

– Escreva…

Voltei à minha vida normal, certo de que estou fazendo o melhor de mim.

Se você chegou até aqui neste livro, não pare a leitura. Tenho muito a revelar. Temos muitas coisas para aprender e colocar em prática em nossa vida. Tudo segue a ordem natural da evolução dos espíritos e você é parte desse projeto. Sigamos em frente, fazendo o melhor com a nossa mediunidade.

“

Tudo o que te acontece tem um motivo, uma razão. Jamais desista de fazer o bem, mesmo que se encontre sozinho...

”

Osmar Barbosa

O baixo Umbral

Passados alguns dias, fui novamente procurado pelo Lucas, que chegou durante o expediente de trabalho em meu escritório.

– Olá, Osmar!

– Oi, Lucas!

– Preciso de você agora.

– Agora?

– Sim, agora.

– Só vou terminar o que estou fazendo e me dedico a você. Pode ser?

– Sim, eu espero você terminar.

Adiantei o que estava fazendo e me coloquei à disposição de Lucas para acompanhá-lo na psicografia.

– Estou pronto, Lucas.

– Venha, vamos ao baixo Umbral.

Em desdobramento, eu o segui e chegamos à região de costume. Lucas sempre me leva ao Umbral para escrevermos os livros. É com ele que escrevo a maioria dos livros relacionados ao tema Umbral. O nosso amigo é, na verdade, um espírito muito evoluído. Se querem saber, foi ele mesmo quem foi considerado um apóstolo de Jesus, mas ele nos esclarece que sequer conheceu pessoalmente o Messias. Sua conversão aos ensinamentos cristãos se deu pela fé em suas palavras e por sempre seguir as orientações evangelizadoras de Jesus.

Chegamos rapidamente ao Umbral e começamos a caminhar pelas estradas escuras, até que ele me convidou a adentrarmos numa trilha nos dirigindo ao topo de um monte. Lucas caminhava calado, e eu permanecia atento a todos os detalhes para relatá-los nesta mensagem. Lembrei-me de que, uma vez, estive num lugar muito parecido com aquele em que estávamos naquele momento. Foi então que o nosso diálogo começou:

– Que lugar estranho, Lucas... acho que já estive aqui.

– O que é estranho?

– Esse lugar se parece muito com outros lugares que já visitei em desdobramento ao seu lado, mas é muito estranho. Vejo que há algumas vilas lá embaixo. Parecem bairros. Também vejo aglomerações de espíritos. Parece haver um comício, um *show*, um plebiscito, sei lá. Você viu? Há algumas fogueiras acesas e centenas de espíritos escutando um só espírito. Posso ver até um palanque e um homem lá em cima discursando para todos aqueles seguidores. É muito parecido com o lugar em que escrevemos o livro *Obsessor*, onde conheci o Virgílio.

– Osmar, estamos realmente indo ao encontro do nosso amigo Virgílio. Você ainda se lembra dele?

– Sim, claro, escrevemos sobre ele no livro *Obsessor*.

– Pois saiba que ele está nos ajudando muito na tarefa atual.

– Ele está ajudando no exílio?

– Sim, agora mesmo, ele e seus comandados estão realizando uma tarefa importantíssima para nós.

– É bom saber disso. Fico feliz em saber.

– Ele tem feito um trabalho muito importante. Além, é claro, de muito perfeito.

– O Virgílio está ajudando no processo do exílio... quem diria que um dia poderíamos ver um poderoso obsessor auxiliando seus irmãos no processo de exílio para outros planetas.

– Deixe-me aproveitar esse momento e explicar mais sobre o Umbral, para que todos possam entender e acompanhar o que vamos relatar. Pode ser?

– Claro, Lucas! É sempre bom aprender com você.

– O Umbral é muito semelhante a diversos lugares terrenos, como você pode ver agora e relatar. Aqui, também há líderes, governantes, assembleias de liderança e muito mais. É um lugar organizado, Osmar, e as disputas por territórios são comuns no sombrio Umbral. Você se lembra do que relatamos naquela psicografia?

– Sinceramente, não me lembro de quase nada. Como os livros não me pertencem e não são coisas que invento ou que saiam da minha cabeça, não me recordo de quase nada das psicografias que faço.

– Não lembra?

– Lucas, como disse, os livros não me pertencem, portanto não guardo muito do que escrevo através de vocês. O importante, para mim, é que a mensagem atinja seu objetivo. O que acontece, meu amigo, é que eu aprendo muito com tudo o que escrevo e vejo com vocês. Desses ensinamentos eu não me esqueço, posso lhe assegurar isso, mas confesso que os detalhes das psicografias eu não guardo.

– É bom, porque assim você aprende com o que pratica.

– Eu faço isso, pode confiar.

– Me diga uma coisa: as obras que você psicografa... a quem elas estão atingindo, Osmar?

– Todos aqueles que querem se atualizar sobre a vida espiritual. Pessoas estudiosas. Você sabia que há vários grupos de estudos das obras que psicografamos, principalmente as suas?

– Sabíamos que isso iria acontecer. Está dentro do projeto superior.

– Há um projeto superior para isso?

– Tudo o que chega até vocês é planejado.

– Sério?

– Sério... fique tranquilo e continue seu trabalho.

– Sim, estamos indo bem, e tem muitas pessoas se modificando através da nossa escrita. E pode ter certeza de que não vou parar de escrever.

– Isso é bom, nos agrada saber que estamos atingindo nossos objetivos.

– Sou muito grato por ser o portador desses ensinamentos, Lucas.

– Vamos continuar falando sobre o Umbral?

– Sim, vamos em frente. Desculpe.

– Como eu disse, o Umbral é um lugar escuro, como você pode ver. É denso e de pouca luminosidade. A vegetação é rasteira e sem vida. As árvores são retorcidas e sem folhas. A chuva é a companheira inseparável de todos os dias e todos os dias são assim: sombrios, frios e chuvosos.

– Como nos outros livros, não é, Lucas?

– Sim, você tem retratado muito bem tudo o que vê por aqui. Parabéns!

– Olha, Lucas, tem uma pessoa no alto do monte, lá na frente. Perece que estamos na mesma cena de quando conheci o Virgílio. Será ele nos esperando?

– Estou vendo, é o nosso amigo. Ele chegou antes de nós.

– Estranho...

– O que é estranho?

– Ele está com uma roupa diferente daquela que usava no dia em que você me apresentou a ele.

– O que tem a roupa dele agora? Qual a diferença?

– Ele está todo vestido de branco. Lembro que, quando o conheci, ele estava totalmente vestido com uma roupa de cor escura e usava uma capa que lhe cobria todo o corpo. Você não se lembra, Lucas?

– Ele é um poderoso obsessor, e, como lhe disse, Osmar, agora ele está aliado ao processo de exílio.

– Me lembro agora... o Virgílio lidera uma enorme falange de obsessores. Eles trabalham na obsessão contrária.

– Exatamente. O trabalho de Virgílio e de seus comandados é resguardar os seus protegidos obsidiados através da obsessão. Mas não vamos nos aprofundar nesse assunto, ele está relatado no livro que você escreveu.

– Sim, está tudo no livro *Obsessor*. Você pode me falar um pouco mais sobre Virgílio para que nossos leitores o conheçam melhor?

– No decorrer dessa história vamos falar mais sobre ele.

– Certo, sem problemas.

– Venha, Osmar, vamos nos aproximar.

Virgílio estava de pé no alto do monte olhando para as vilas e aglomerações a seus pés. Ele observava a multidão de espíritos alienados aos pregadores que falavam naquele palanque. Parecia que estava havendo um comício, no qual todos prestavam muita atenção no que aquele homem dizia ao microfone. Havia um vento úmido soprando, o que esfriava o ambiente sombrio. O Sol teimava em aparecer dentre as densas nuvens do lugar, mas pouco adiantava.

Virgílio usava uma capa branca que lhe cobria todo o corpo, e pude ver que segurava uma bengala. Parecia que ele estava pensando ou meditando. O silêncio só era interrompido pelo barulho do vento que uivava, como se anunciasse uma tempestade, e pelos ecos dos gritos daqueles que saudavam o palestrante lá embaixo.

– Esse lugar tem nome, não é, Lucas? – perguntei.

– Sim, é chamado de Montanha, é o lugar mais alto do Umbral.

– Eu me lembro de quando estivemos aqui e posso observar que pouca coisa mudou.

– As coisas no Umbral demoram para mudar, Osmar.

Continuamos nossa caminhada. Estávamos a uns 100 metros do encontro. Foi quando Lucas começou a me falar um pouco mais sobre o nosso ilustre amigo.

– Osmar, para que todos conheçam melhor o nosso companheiro, como você solicitou, vou explicar quem é e o que o Virgílio faz. Pode ser?

– Ótimo, Lucas. Acho útil que todos conheçam melhor o nobre obsessor.

– Virgílio é um líder aqui e tem muitos seguidores. Ele lidera uma das mais temidas falanges dos obsessores que trabalham com vocês, encarnados. Todos os seus soldados, como ele os chama, vestem essa capa, são sérios e muito calados.

– Lucas, como Virgílio conseguiu todos esses seguidores? Como ele conseguiu atrair tantos espíritos para o trabalho da obsessão?

– O Umbral é como uma cidade terrena, onde líderes, governantes e chefes deliberam sobre os demais que vivem neste lugar.

– Eu lembro que você nos mostrou a importância do trabalho que Virgílio e seus amigos fazem, desculpe insistir. Por mais que eu relate o que estou vendo, meus leitores não fazem ideia de como é terrível este lugar.

– Vamos mostrar muito mais agora, e não fique com medo ou preocupado, confie. Fui eu quem o trouxe até aqui; portanto, fique em paz.

– Sim, eu confio. Lucas, me perdoe, mas minhas dúvidas certamente são as dúvidas dos meus leitores e eu desejo extrair muita coisa desse nosso novo encontro com o Virgílio.

– Sim, Osmar, aproveite mesmo. E o que mais você quer saber sobre o Virgílio?

– Tudo. Como assim, líderes?

– Meu nobre escritor, o Umbral é uma cidade como todas as cidades que existem no plano terreno. Aqui, tudo o que vocês experimentam na vida terrena é possível. Aliás, em todos os planos da criação, tudo é possível. O Umbral é plasmado pelas mentes humanas. Este lugar só existe porque vocês o criaram. É sempre bom lembrar que nós, os espíritos, somos cocriadores com o nosso Pai. Todos os nossos desejos e vontades criados em nosso subconsciente se tornam realidade na vida após a vida. Só depende de você tudo o que pode lhe acontecer e tudo o que existe. Lembre-se: você é um pequeno Deus em treinamento.

"Nossa!"– pensei.

Lucas prosseguiu:

– Espíritos milenares que vivem nessa região e não querem se libertar dela adquirem poderes sobre outros espíritos, principalmente sobre os ignorantes, aqueles que ainda não adquiriram algum intelecto. Alguns estão se aliando a nós e estão na tarefa de convencer seus seguidores a irem para o exílio em paz.

É como na Terra, em que os mais sábios desfrutam dos mais humildes de sabedoria, utilizando-se dessa ignorância para satisfazerem os seus mais íntimos desejos. Agora, eles estão usando toda sua influência e sabedoria para arregimentarem mais espíritos para seguirem para a nova vida.

– Você pode me explicar melhor tudo isso, Lucas?

– Sim, claro que sim. Vamos lá.

– No plano físico, existem espíritos maus encarnados, espíritos sábios e que têm poder sobre os mais humildes. Não é assim?

– Sim.

– Espíritos que já adquiriram um certo intelecto e se valem de seus conhecimentos para dominar outros seres. Esquecem-se de que deveriam estar auxiliando o Criador com suas criaturas e sendo gratos às conquistas pessoais.

– Sim, infelizmente é o que mais vemos na vida humana.

– Pois bem... aqui, da mesma forma que no plano físico, espíritos espertos usam de sua sabedoria para iludirem e enganarem aqueles que ainda não compreendem o que são. Na verdade, todo espírito que chega aqui tem a consciência da eternidade e, tendo essa consciência, decidem por viver assim. No entanto, não se preocupam em expressar aquilo que aprenderam de bom na encarnação, deixando-se levar pelas mentes sábias deste lugar. Agora, com o advento da Nova Era, alguns estão convencidos de que precisam deixar este lugar.

– Meu Deus, parece que a história se repete.

– Como assim, se repete?

– Eles continuam influenciando os inocentes. Ainda bem que agora estão se aliando ao bem para fazer o bem.

– Osmar, o que mais um bêbado quer?

– Bebida, álcool.

– O que mais um drogado quer?

– Drogas.

– No plano terreno também é assim?

– Sim. Existem milhares de pessoas viciadas que querem deixar o vício e outras que não; fazem qualquer coisa por uma dose ou por uma droga.

– Aqui não é diferente, Osmar.

– Mas, se já se compreendem como espíritos eternos, por que não deixam esses vícios? O vício vem com a gente?

– Sim, o perispírito é cópia fiel do espírito. Assim, se você perde uma perna, chegará aqui sem ela. Não é assim? Se é fumante inveterado, o sofrimento pela ausência da nicotina o levará a fazer qualquer coisa por um trago.

– Sim, por isso escrevemos tanto sobre refazimento perispiritual e sobre os hospitais espirituais, que se dedicam ao refazimento, à conscientização do espírito e à cura.

– Pois bem, aqui no Umbral, também existem clínicas de desintoxicação, mas esses espíritos não querem se desintoxicar. Eles querem viver assim. Aqueles que se arrependem e pedem ajuda, como você mesmo relatou em vários livros, são levados a hospitais espirituais capacitados para o processo de desintoxicação e, posteriormente, são levados para a conscientização. A partir daí, decidem o que é melhor para eles. Isso você tem retratado com fidelidade em suas psicografias. Você sabe disso, não é?

– Sim, Lucas, já escrevemos muito sobre isso. Nas psicografias e nas mensagens edificadoras que a Nina me traz em seus livros, ela já me mostrou como todo esse processo se dá. E o espírito pode viver aqui, assim livremente, sem ser punido, Lucas?

– É livre, lembra? Esqueça essa história de punição. Já está na condição de se enxergar como espírito. Espíritos não devem, eles se ajustam.

– Como assim, Lucas?

– Vocês, encarnados, foram religiosamente educados como devedores. Os arquétipos religiosos foram criados com a intenção de escravizá-los. Não há devedores para o Pai. Esqueça essa história de devedor, você não deve nada a Deus. Nenhum espírito deve a Deus. Somos espíritos eternos e temos a eternidade para a evolução necessária e para ascender aos planos superiores. O destino de todos os espíritos é a perfeição. Nunca se esqueça disso. É errando e acertando que se consegue o apogeu. Além do mais, há o livre-arbítrio.

– Sim, livre-arbítrio, eu havia me esquecido disso...

– Pois bem, tudo o que pode enquanto encarnado, pode enquanto desencarnado. Você será sempre livre.

– Mas... e a Lei Maior?

– A Lei Maior é aplicada aqui assim como no plano dos encarnados. Sabe qual é o grande problema de vocês, Osmar?

– Não, não sei.

– Acreditar que Ele pune. Definitivamente, vocês têm que acreditar que são livres e, sendo livres, são livres em vida e após a morte física. Nunca serão reprimidos pelo Criador. Ele é o maior educador. É através das oportunidades que você vai apurando o melhor de si e, assim, atingindo o objetivo maior.

– Liberdade?

– Sim, todo espírito é livre, estando aqui ou na carne.

– Meu Deus, como somos ignorantes!

– Não é questão de ignorância, mas de esclarecimento. Nós estamos no Universo para auxiliá-los. Essa é a função daqueles que compreendem as Leis Divinas e as colocam em prática. Não adianta você alcançar a luminosidade, se sua luminosidade não iluminar os espíritos ao seu redor. Se não consegue iluminar sua caminhada, em qual caminho andará? *"Não se adquire luz sem renovação."*

– E eu achando que tenho de cuidar somente de mim e dos meus.

– Os seus poderão passar por este lugar. Os seus poderão viver neste lugar. E como você poderá ajudá-los, se ainda não compreende o amor? Como auxiliar o inexplicável? Como iluminar se anda em trevas? A reforma íntima é o primeiro passo, Osmar.

– Quer dizer que tudo o que temos na Terra, temos também na vida após a vida?

– Sim.

– Tudinho?

– Tudo. O que lhe serve para evoluir é espelho em todos os planos. Assim, se tem as experiências evolutivas no plano físico, terá as mesmas oportunidades quando deixar a vida corpórea. Até mesmo aqui no Umbral.

– Como explicar isso para os encarnados?

– Da forma que estamos fazendo. Os encarnados precisam se compreender como espíritos plenos, como espíritos eternos que são, e que, todos os dias, recebem uma página em branco no livro da existência. O que você escreve nela é de sua inteira responsabilidade.

– Isso eu já aprendi, Lucas, somos semeadores. Colheremos na vida espiritual as mazelas da encarnação ou o fruto do plantio da boa semente.

– Isso, Osmar. Como poderá colher na vida espiritual aquilo que desconhece? Como poderá colher na vida espiritual, se ela foi totalmente diferente da vida material?

– É verdade, Lucas.

– Aqui é o reflexo de lá, e lá é o reflexo daqui... entende?

– Sim, agora compreendo.

– O que vocês estão recebendo são oportunidades. Aproveitem-nas. Esses livros que chegam a todo tempo dos planos que vocês ainda desconhecem são oportunidades esclarecedoras do que se vive após a vida.

– Me perdoe, Lucas, mas por que outros evangelistas já não escreveram sobre isso?

– Alguns escreveram sim, Osmar, mas tudo tem seu tempo certo. Não se ensina matemática a quem ainda não sabe ler nem escrever. Por isso, é chegado o tempo de mais informações sobre a vida após a vida. É chegado o momento de vocês serem esclarecidos sobre o que acontece após a vida terrena. Quando se desprende da carne, há um mundo de possibilidades, e nós estamos aqui para esclarecê-los e auxiliá-los.

– Sou grato, Lucas.

– Não seja grato. Escreva, evolua. Dê uma boa olhada ao seu redor… o que você está vendo?

– Várias cidades dentro de uma escuridão incompreensível.

– Como assim, incompreensível?

– Não consigo entender por que este lugar é assim.

– Assim, como?

– Escuro, fétido, triste e sem vida.

– É o reflexo das mentes que vivem aqui. Embora esses espíritos pareçam felizes com a vida que levam aqui, eles ainda não compreenderam que precisam modificar seus pensamentos para que tudo se transforme. Mentes em sintonia, energia condensadora.

– A mente comanda tudo?

– Sim, a mente comanda tudo ao seu redor. Observe o que está acontecendo no planeta Terra nesse momento.

– O quê, Lucas?

– Vocês estão trancafiados dentro de casa, sem poder olhar o sorriso de uma criança. O medo está em todos os lugares. O crime organizado destrói famílias inteiras, as sociedades estão fracassando. Os filhos estão se suicidando. Não há amor entre os encarnados. Poucos defendem os que sofrem. Feminicídio, assassinatos, pedofilia, preconceitos, ódio, corrupção, drogas, jovens lotando os consultórios psiquiátricos, pais matando filhos, filhos matando pais. Onde vocês acham que estão?

– É muito triste o que estamos vivendo. Eu particularmente acho que estamos no Umbral mesmo.

– Vocês estão colhendo o pensamento da mente coletiva, aquilo que plasmaram ao Universo. Foram vocês quem condensaram o médio Umbral.

– Como assim, Lucas?

– Se uma mente pensa uma coisa sozinha, ela não tem poder suficiente para materializá-la – a não ser que esse desejo/pensamento seja como um mantra. Porém, se 5 bilhões de mentes pensam de forma igual, o pensamento se condensa; daí o vírus da maldade, da ignorância e da insensatez aterrorizando as nações. E olha, meu amigo, vocês agora estão apenas no início do caminho. Ainda há muita coisa triste a se presenciar.

– Quer dizer que o que estamos vivendo é a condensação das nossas mentes?

– Sim, colhe-se o que se semeia. Lembra?

– Meu Deus!

– Seu Deus?

– Sim, meu Deus.

– Pare de culpar Deus por tudo o que lhes acontece. Ele nada faz a seus filhos, a não ser dar oportunidades evolutivas infinitas a todos os espíritos. Ele é amor em essência. Ele é perdão, bondade, caridade, benevolência e, acima de tudo, misericordioso.

– Sempre culpamos Deus por tudo de mau que nos acontece.

– Um dia, compreenderá o que é em essência e tudo ficará mais fácil.

– Podemos mudar o que está nos acontecendo?

– Mude o pensamento. Mude a mente, a vibração e você muda uma nação.

– Mudar o pensamento coletivo?

– Sim, dê o primeiro passo.

– Acho que estou dando a minha contribuição para um mundo melhor, através das obras que vocês me passam.

– Isso. Faça a sua parte. Se todos fizerem um pouquinho, esse pouquinho somado a outros pouquinhos mudará um monte de lugar... como Ele disse...

– Sim, Jesus nos guiou.

– Ele ainda está no leme, Osmar.

– Acredito que sim.

– Creia! Ele é o caminho, a verdade e a vida.

– Precisamos compreender melhor os desígnios de Deus, Lucas.

– Vocês estão no caminho.

– Sério?

– Sim, vocês estão no caminho.

– Que boa notícia!

– Escreva, Osmar, escreva.

– Sim, vamos continuar.

– Osmar, eu tenho que lhe dizer uma coisa.

– Diga, Lucas.

– Quando você desencarna e chega ao Umbral, você continua livre para permanecer nele ou deixá-lo. É muito importante que todos vocês saibam que o fato de morrer não modifica o caráter do espírito. Todos precisam se conscientizar disso. Você continua livre, como já disse.

– O que eu preciso fazer para deixá-lo, Lucas?

– Daqui só sai aquele que quer sair. Até esse momento, nenhum espírito foi forçado a deixar o Umbral. Esta é uma zona livre, livre de tudo, assim como todos os lugares existentes no Universo. Aqui, tudo pode, mas haverá o dia em que todos serão obrigados a deixar esta região, ou melhor, serão repelidos. Esse processo está apenas começando, como relatamos. Após o desencarne terreno, adquire-se a liberdade plena, e esse sentimento de liberdade plena todos alcançarão, pois a liberdade da carne liberta para viver plenamente. Osmar, daqui só se sai por dois motivos.

– Quais, Lucas?

– Arrependimento sincero e misericórdia divina. Esta, está sempre disponível para todos os filhos da criação.

– Existe outra possibilidade de sair daqui?

– O arrependimento, como disse, a mudança de vibração, o desprendimento dos vícios e a transformação moral. Isso é o que chamamos de arrependimento sincero, e essa conquista é o que liberta o espírito desta região. O que todos precisam saber é que o esvaziamento do Umbral que começa a acontecer agora não é um castigo. O que estamos informando é que há um novo decreto para os espíritos que vivem nos umbrais.

– E que decreto é esse?

– Relata que todos podem, espontaneamente, aceitar a transferência. Esse é o primeiro passo, o primeiro grupo que deixará este lugar.

– E aqueles que não aceitarem voluntariamente, Lucas?

– Essa será outra fase sobre a qual ainda não temos muitas informações. Mas, agora, todos aqueles que assim desejarem serão levados para outros planetas e poderão recomeçar.

– Eu penso que essa liberdade de escolha pode dificultar o trabalho de vocês.

– Ele é assim. Não há punição. Lembra?

– Sim, mas fico imaginando: se um espírito está aqui há milênios e tem toda sua vida aqui, por que motivo ele deixaria este lugar?

– É aí que estão os mistérios de Deus. O que nos espera nas esferas superiores?

– Sinceramente, eu acho que isso dificulta muito para os espíritos que aqui vivem, Lucas?

– Sim. Os prazeres, a ignorância e os vícios prendem esses espíritos aqui, sabemos disso. Não será tarefa fácil, mas podemos oferecer. Acho justo que todos recebam a mesma proposta.

– Vendo que eles podem beber e se drogar, dificilmente se arrependerão, Lucas. Me perdoe, mas acho que o número de espíritos que serão exilados à força será maior do que os que aceitarão sair daqui sem criar dificuldades para vocês, principalmente os líderes.

– Essa é a nossa maior batalha no Umbral. Eles têm sabedoria para liderar e comandar os mais sensíveis e menos instruídos. Esses líderes são o nosso maior desafio. Mas alguns já se aliaram a nós e estão nos ajudando.

– Não poderia Deus puni-los? Afinal, eles estão fazendo o mal aqui.

– Deus não pune nenhum de seus filhos, como eu já disse. Lembra?

– Eu acho que Ele deveria.

– Não pense como se você tivesse somente essa vida. Pense como um ser pleno que expia para se tornar perfeito. Vidas são como trocar de roupa: vai trocando até encontrar a roupa perfeita para o grande dia da perfeição, aquela que melhor reveste o espírito. E me deixe dizer outra coisa: se Deus algum dia punisse qualquer um de seus filhos, Ele não seria Deus, Ele estaria se igualando às criaturas, teria os sentimentos dos espíritos que ainda não evoluíram, e Ele é muito mais que sentimentos profanos, Osmar.

– Sou grato por teus ensinamentos, Lucas.

– Não agradeça. Estamos em missão.

– Lucas, é por isso que muitos não querem sair daqui, não é?

– É por esse motivo que este lugar está tão cheio, Osmar.

– Haverá um dia em que o Umbral será totalmente esvaziado?

– Eu acredito que não. O que está acontecendo é o exílio desses que vivem aqui por muito tempo. Na verdade, ou eles serão exilados para outros umbrais ou renascerão na carne em outros planetas, como temos mostrado nesta obra. E renascendo, Osmar, eles recebem novas oportunidades evolutivas. O Umbral é uma condensação das mentes humanas, lembre-se sempre disso. Enquanto as consciências humanas não mudarem, esse lugar existirá. O fato de o Umbral estar sendo esvaziado agora não quer dizer que ele deixará de existir, pois não deixará. Até porque, as mentes que virão para cá ainda estarão em evolução, e as provas, embora sejam melhores, ainda assim são provas que geram sentimentos bons e ruins.

– Eu gostaria de lhe fazer só mais uma pergunta.

– Faça.

– Por que somos assim, Lucas? Por que não nos modificamos logo e ajudamos o Criador nas tarefas evolutivas? Eu fico imaginando quem está lendo este livro agora, por que não acreditar? Por que não aproveitar essas palavras e se modificar logo? Não é um livro qualquer. Com toda a modéstia que me cabe, é um manual de como se tornar melhor, de como vencer a vida humana e entrar melhorado na vida espiritual.

– Cada espírito tem seu tempo, Osmar, e o tempo é o senhor dos ajustes e da verdade. Nunca se desespere diante de uma dificuldade, pois elas são instrumento de evolução para o espírito. Tudo o que lhe acontece de bom ou ruim traz o ensinamento de que você precisa.

– Gratidão, Lucas. Gratidão!

– Não agradeça, evolua. Evolua sem se importar com o que as pessoas vão achar do seu novo modo de pensar.

– Como assim, sem me importar?

– O que mais atrapalha a evolução dos espíritos é a preocupação com o que os outros vão pensar. Muitos estão e irão criticar vários médiuns que, nesse momento, trazem informações importantíssimas sobre a vida após a vida. Se você der ouvidos às críticas, logo desistirá e, abandonando, abandonará também as oportunidades que esses ensinamentos lhe trazem. Portanto, faça com fé, com determinação e sem se importar com o que as pessoas pensam. Faça a sua parte e siga os seus instintos. Neles, habita o Senhor.

– Isso eu já aprendi, Lucas. Não vou parar, não vou desistir de ajudar tantas pessoas que estão ao meu lado. Sabe, Lucas, eu recebo muitas mensagens de gratidão pelos livros, e isso me impulsiona a seguir em frente. Algumas são críticas, mas as vejo como lições necessárias à minha melhora pessoal.

– Siga em frente sem fraquejar, sem se melindrar e, acima de tudo, confiando que Jesus está no leme do planeta em que expia nesse momento. Ele jamais os abandonou. Ele nunca deixou de estar entre vocês.

– Confio e sigo sem pestanejar.

– Que bom, Osmar.

– Obrigado, Lucas.

– Vamos escrever?

– Sim, vamos em frente.

– Mas, antes, deixa eu dizer uma coisa: Virgílio é um espírito antigo, que está no Umbral há muitos anos, como já disse e como ele vai contar também. A missão desse obsessor vai novamente surpreender você, Osmar; você e seus leitores. Tudo está em conformidade com a vontade do Criador. Nesta obra, vocês poderão ver que nem tudo está perdido e que nenhum de vocês está ao acaso. Tudo tem um motivo, uma razão e uma solução. Até um obsessor tem a quem respeitar. As Leis Naturais são invioláveis, e você poderá ver que, na realidade, todos merecem uma segunda oportunidade.

– Compreendo, Lucas.

– Agora, vamos escrever. Fique atento a todos os detalhes para que seus leitores não desperdicem esse nobre ensinamento.

– Sim, pode deixar, Lucas.

– Vamos em frente.

– Vamos.

“

O espiritismo não é a religião do futuro, o espiritismo é o futuro de todas as religiões.

”

Frei Daniel

Na montanha

Nos aproximamos de Virgílio. Ele parecia perceber nossa presença, mas nem ao menos se virou enquanto chegávamos por detrás dele. Na verdade, ele teve a mesma reação de quando nos encontramos pela primeira vez, quando escrevi o livro *Obsessor*.

O meu medo só aumentava, pois, a cada passo que dávamos, a escuridão aumentava e o vento soprava mais forte. Sei que eu não deveria sentir medo, pois ao lado do Lucas estou sempre seguro. O problema, meus leitores, é que vocês não fazem ideia de quão terrível é este lugar.

Uma névoa escura nos envolveu naquele momento. As minhas pernas começaram a fraquejar. Percebendo minha insegurança, Lucas me pegou pelo braço, na altura do cotovelo direito, e foi me conduzindo ao encontro.

– Venha, Osmar, mantenha a calma. Estou ao seu lado e nada de mau pode lhe acontecer.

– Sim, Lucas, desculpe-me, mas este lugar é de uma energia muito densa e me incomoda muito estar aqui.

Nossos passos se tornaram mais lentos. O lugar era bem íngreme. Assim, chegamos muito perto do vulto escuro daquele espírito alto e forte que sequer olhava para o lado percebendo a nossa presença. Lucas ficou de pé ao lado de Virgílio sem falar nada, sequer deu bom dia ou boa tarde. Eu já estava perdido no tempo. Calado estava, calado fiquei. O homem permaneceu quieto, olhando fixamente para o vale a seus pés, como se estivesse esperando o momento certo para se dirigir a nós. Nos postamos ao lado dele e permanecemos calados.

Lucas e eu ficamos à direita de Virgílio, e comecei a observar aquela temerosa figura mais detalhadamente: aparentando uns 50 anos, alto, medindo aproximadamente dois metros de altura, de pele parda e barbudo, ele usava uma camisa de mangas compridas abotoadas no punho, presas por duas abotoadeiras reluzentes. Calça branca, sapato branco bem polido, elegante e musculoso. No peito, um colar de pedras preciosas – coloridas e muito brilhantes– enfeitava a vestimenta. Sua bengala branca tinha uma pedra vermelha; parecia ser um rubi. Virgílio parecia esperar pelo momento certo para nos cumprimentar.

Lucas vestia uma túnica branca que lhe cobria todo o corpo. As roupas de Lucas e de Virgílio eram tão reluzentes que clareavam um pouco aquele lugar sombrio e frio. Os segundos passavam, e o silêncio me apavorava. Não se falava nada... ficamos assim por alguns minutos, até que o silêncio foi quebrado pelo nobre obsessor.

– O que faz novamente por aqui, Lucas? – perguntou Virgílio, sem ao menos virar seu rosto para nós. Ele continuava fitando o horizonte.

– Eu trouxe um amigo. Gostaria, com sua permissão, de contar o que tem feito para nos ajudar no exílio dos nossos infelizes irmãos.

– E qual é o interesse em saber da nossa participação na transformação?

– Acho ser necessário mostrar para todos como os obsessores vivem, o seu trabalho com outros obsessores e tudo o que vocês estão fazendo para nos ajudar.

– Por que contaria para alguém o que faço hoje em dia?

– Porque está na hora de as pessoas o conhecerem melhor. Saberem um pouco mais sobre a obsessão e o que ela pode fazer para ajudar a humanidade.

– Lucas, você, mais do que ninguém, sabe os motivos que temos para vivermos assim. Como você sabe, meu amigo, somos a balança, o meio. Nosso trabalho é antigo e fazemos isso por ordens superiores, como tudo o que acontece por aqui. Não vejo motivos para relatar nosso trabalho neste momento.

– Conheço perfeitamente o seu trabalho, Virgílio, e acho, sinceramente, que você deveria ser mostrado para os espíritos encarnados. Você tem a admiração de centenas de protetores, benfeitores e de nós, de Amor e Caridade. Acreditamos que todos precisam saber que, ao chegarem à vida espiritual, todos podem mudar e, mudando, podem auxiliar muitos espíritos.

– Não vamos entrar nesses pormenores, não é, Lucas? E quem é esse rapaz?

– Um escritor.

– O que faz um escritor aqui?

– Ele escreve o que vê; relata a vida após a vida.

– Vejo que ele está desdobrado. Ele não é aquele que escreveu minha história um tempo atrás?

– Sim, é ele mesmo. Como sabe, ele ainda está encarnado e tem o dom do desdobramento.

– Um belo dom, para quem sabe usar.

– Obrigado! – entrei na conversa, nervoso.

– Por que está nervoso, meu rapaz? Como é seu nome mesmo?

– Osmar, senhor.

– Por que está nervoso, Osmar?

– Na verdade, estou com medo.

– Medo de quê?

– Deste lugar.

– Este é um dos lugares do Umbral. É aqui que vivo. É um bom lugar quando se tem o que fazer.

– Mas, meu senhor, eu não consigo me convencer de que este lugar é bom.

– O Osmar escreve sobre o espiritismo, Virgílio. Ele já esteve aqui algumas vezes e relata, para os encarnados, tudo o que vê. Tem alguns livros publicados. Está no caminho– disse Lucas.

– Você acha mesmo prudente contar o que faço aqui e no plano físico, Lucas?

– Acho que estamos no momento apropriado. É bom que todos saibam que o processo do exílio está ocorrendo em toda parte e que vocês estão nos ajudando.

– Apropriado?

– Sim, a Terra passa por um momento difícil e precisa de mais informações. É um momento de sofrimento. As criaturas estão em colheita. Se pudermos aliviar, seremos úteis. Todos já foram informados sobre o novo tempo. Agora, precisam saber um pouco mais. Precisamos aliviar os sofrimentos, Virgílio.

Virgílio dá uma gargalhada. O que me assustou ainda mais.

– Vocês são muito engraçados. Sofrimento? Você acha mesmo que eles estão sofrendo?

– Acredito que sim.

– O que é sofrimento para vocês?

– Viver em trevas, senhor. As doenças, o ódio, os crimes inexplicáveis, a corrupção, o roubo, a desonestidade e muito mais – eu disse tentando criar uma intimidade com Virgílio e colher mais conteúdo para nós.

– Olhem para baixo. O que vocês estão vendo?

– Suas cidades – disse Lucas.

– Pois bem, tenho algumas cidades sob o meu domínio, muitos espíritos seguidores e os meus soldados que cumprem as minhas ordens. Acha que sofro?

– Eu acho que não. Acho que você tem feito um bom trabalho, mas acho também que você deveria ascender às Colônias – disse Lucas.

– Lucas, por acaso você sabe há quanto tempo eu vivo aqui?

– Não, não sei, mas posso assegurar que são muitos anos. Antes de vir para cá, eu conversei com Daniel e ele me instruiu para essa missão.

– Vivo aqui há 302 anos, Lucas. 302 anos! – afirmou Virgílio.

– Pois já passou da hora de passar o bastão para outro espírito e seguir em frente, seguir seu caminho – insistiu Lucas.

Virgílio sorriu novamente. Dessa vez, olhou para nós.

– Venham, vamos até o outro lado do monte. Vamos à minha morada, lá poderemos conversar melhor.

Virgílio se virou e começou a caminhar numa trilha à direita do lugar em que estávamos. Caminhamos enfileirados e calados até o outro lado da colina. Virgílio à frente, seguido por Lucas e eu, atrás. Após algum tempo, chegamos a uma caverna luxuosa. Um lugar melhor, mais claro e um pouco menos feio. Já não ventava mais.

– Entrem – disse Virgílio.

O lugar era realmente luxuoso. Havia várias cadeiras e, no centro, uma imponente poltrona que mais parecia um trono. Ao lado, havia uma pequena mesa com um jarro e algumas taças.

Nos sentamos em duas cadeiras à sua frente.

– Estão confortáveis?

– Sim – disse Lucas.

– E você, rapaz?

– Sim, senhor.

– Querem beber algo?

– Não – disse Lucas.

– E você, rapaz?

– Não, senhor, muito obrigado.

– Lucas, meu amigo, estou há muito tempo aqui, sou responsável pelo equilíbrio, como sabe. Comando uma falange de espíritos que, em algumas encarnações, falharam e se tornaram devedores. Esses auxiliares receberam uma nova oportunidade; sendo assim, precisam de alguém com meus conhecimentos e minha sabedoria para conduzi-los ao caminho redentor.

Os débitos contraídos nas encarnações são reflexos das mazelas da alma, da má utilização do livre-arbítrio. Nada se perde. Como sabe, eu tenho uma função, que é a de equilibrar as energias densas estabelecidas nas vinganças. A maioria dos espíritos que expiam no orbe terreno, nesse momento, são devedores. Esses débitos contraídos devem ser solucionados. Você sabe disso, não é, Lucas?

– Sim, perfeitamente – disse o mentor.

– Olho por olho, dente por dente – prosseguiu Virgílio. – A justiça divina está presente em todos os lugares do Universo, meu jovem escritor – disse olhando para mim. E prosseguiu:

– O que faço é administrar as discordâncias, dando oportunidades para os espíritos expiarem sobre seus erros. É muito importante que todos vocês saibam diferenciar vingança de justiça. Deus não se vinga de seus filhos, Ele aplica a Lei da justiça, que se resume em dar novas oportunidades a todos os espíritos. Quando essa frase foi dita no Velho Testamento, o Criador precisava mostrar à humanidade inteira que havia sim uma justiça por trás das múltiplas encarnações. Eu não sou um obsessor qualquer. Você sabe disso, não é, Lucas?

– Sim, Virgílio.

– Não obsidiamos os que não devem ser obsidiados. A obsessão é uma junção de energias e pensamentos. Nós não conseguimos obsidiar aqueles que não estão em sintonia conosco. Embora tenhamos a capacidade e os meios de implantar nossos desejos nas mentes vazias – território da obsessão – esse não é o nosso trabalho. Causas, efeitos...

Aquele que deve, tem por dever pagar. E é pagando os débitos pretéritos que os espíritos se equilibram e se ajustam ao Universo. E, ao se ajustarem, automaticamente adentram no equilíbrio, lugar em que todos os espíritos deveriam estar. O pagamento dos débitos pretéritos geralmente é aplicado pelas oportunidades que somos especialistas em aplicar. Aquele que mata tem que morrer? Aquele que maltrata deve ser maltratado para conseguir compreender a dor que causa? O que vocês acham? Causa e efeito? Ação e reação?

É claro, há alguns casos em que a misericórdia divina nos instrui a fazer diferente. Mas os espíritos em expiação têm deveres e devem ser conscientizados e responsabilizados pelos seus atos. Assim, nada mais justo do que uma nova oportunidade de ajuste a todos os envolvidos. Nada está ao acaso, como sabe... "*não se pode sacrificar o cordeiro, quando o responsável é o pastor.*".

– É sobre isso e tudo mais que eu gostaria que você falasse para que o Osmar escreva – insistiu Lucas.

– Tarefa difícil a sua, meu rapaz.

– Estou pronto, senhor!

– Muitos acham que nós, obsessores, estamos à procura de quem obsidiar. Ledo engano. Só obsidiamos aqueles que nos permitem a obsessão ou por causas e efeitos. São aqueles que estão em sintonia conosco ou que, através da vibração negativa, permitem nossa interferência obsessiva (podendo até ser possessiva), ou aqueles que vivem constantemente nos invocando, ou seja, sintonia. Lucas, na última vez em que nos encontramos, você estava ajudando um espírito que, por muito tempo, sofreu aqui no Umbral. Lembra?

– Osmar e eu relatamos isso no livro *Acordei no Umbral*.

– Meu querido Lucas, tenho muita estima por você e por todos os espíritos da Colônia Espiritual Amor e Caridade. Admiro o trabalho conduzido pelo Daniel. Vocês têm ajudado muitos espíritos elucidando sobre como são as coisas por aqui, amparando-os e esclarecendo as mentes vazias. Muitos dos meus comandados relatam para mim acerca da interferência de vocês em nossos processos obsessivos. Eu nunca questionei você e, muito menos, suas vitórias sobre nossas derrotas. Há sempre um motivo maior para a interferência dos iluminados nas questões obsessivas. Respeito o trabalho de Daniel e de seus comandados.

Nós não perdemos tempo com esse tipo de coisa. Quando estamos obsidiando alguém e sofremos a interferência dos iluminados, sabemos que não vale a pena voltar ao campo de batalha; afinal, há mais mentes tendenciadas ao mal do que aqueles que querem se reformar para a prática do bem. Ontem, no final de nossa reunião mensal, recebi a visita de Daniel. Você sabia?

– Sim, Daniel me avisou que viria conversar com você para solicitar esta psicografia.

– Pois bem, foi um encontro muito agradável. Daniel é sábio e um grande amigo. Hoje, quando você chegou, eu estava no lugar onde costumo fazer as minhas reflexões, Lucas. Ali me conecto comigo mesmo e tomo as minhas decisões.

– E você vai nos ajudar? – perguntei.

– Sim, vou conceder essa entrevista.

– Que bom, Virgílio. E quando podemos começar?

– Vamos fazer assim: amanhã, teremos uma reunião na qual vamos traçar todos os planos para o trabalho de convencimento de nossos seguidores à Nova Era. Venham e participem. Você, escritor, poderá anotar tudo.

– Está certo, Virgílio – disse Lucas.

– Até amanhã – disse Virgílio.

– Até – disse Lucas, levantando-se e me puxando pelo braço.

Saímos daquele lugar deixando o dirigente obsessor sentado em seu trono.

– Venha, Osmar, vamos...

Levantei-me, cumprimentei Virgílio com um gesto de cabeça e saímos. Caminhamos em direção à saída do Umbral e começamos a andar por uma estrada que nos levava a um lindo lugar. Depois de algum tempo caminhando ao lado de Lucas, me vi chegando novamente aos jardins da Colônia Espiritual Amor e Caridade.

– Estamos na Colônia, Lucas?

– Sim, precisamos conversar.

Caminhamos mais um pouco até acharmos um banco embaixo de uma frondosa árvore de flores amarelas. É sempre muito bom estar em Amor e Caridade. O ipê já tinha se encarregado de forrar o chão com suas perfumadas flores. Era tarde, e o Sol irradiava sua luz alaranjada sobre a colônia. Logo me emocionei por estar novamente naquele lugar.

Nos sentamos no primeiro banco disponível. Havia vários espíritos caminhando, alguns estavam sentados nos extensos gramados, conversando e descansando; outros sorriam ao nos ver e nos cumprimentavam.

– Lucas, este lugar me fascina.

– É linda a nossa colônia, não é, Osmar?

– Sim. Deus é perfeito.

– Você está bem?

– Lucas, estou meio confuso. Eu estava no inferno há alguns segundos, e, agora, me encontro no céu. Como vocês conseguem fazer isso?

– O que houve?

– Estávamos em um lugar frio, escuro e horroroso. Agora, já estamos aqui. Foi tão rápida essa transição.

– É assim mesmo. Isso se deu porque você está ao meu lado. Essa transição só é possível, quando se está ao lado de um espírito elevado.

– Gostaria muito de viver aqui, Lucas.

– Mérito. Trabalhe pela sua evolução e conquiste esse lugar.

– Espero estar no caminho certo.

– Não tenha dúvida de que está caminhando. Só não se desvie. As tentações são grandes e sabemos disso. Por isso, mantenha-se em oração e tenha sabedoria para escolher o que for melhor para você.

– E o que é melhor para um espírito em evolução, Lucas?

– Primeiro, saber que o tempo na vida de encarnado, um dia, vai terminar. Sendo assim, aproveite ao máximo as experiências ao lado daqueles que você ama, respeita e gosta. Viva cada dia como se fosse o último dia de sua existência terrena. Segundo, trabalhe incansavelmente para a sua melhora espiritual, moral e física. Embora você pense que o corpo físico não seja tão importante, é necessário que o seu corpo espiritual esteja saudável ao deixar a carne, para chegar aqui em boas condições.

Invista o que você puder no futuro. Não no futuro físico, mas no futuro espiritual, pois esse é o seu destino. Não que as coisas materiais não sejam importantes, mas que elas não lhe tirem a vida. Essa é única. Não perca a vida juntando o que você não vai trazer para cá, "perca a vida" transformando em coisas boas o que há de ruim dentro de você, pois, assim, trará o tesouro da vida quando aqui chegar.

– Faço o melhor de mim todos os dias, Lucas.

– Continue assim, você não se arrependerá.

– Obrigado, Lucas. O que iremos mostrar sobre o Virgílio?

– Teremos permissão para assistir à reunião em que importantes decisões serão tomadas. A partir dessas decisões, poderemos seguir ao lado de alguns obsessores para observar como eles estão trabalhando no auxílio às colônias e aos médiuns que estão sendo exilados.

– Estou ansioso para ver e poder contar tudo isso, Lucas.

– Não fique, escreva.

– Lá vem você com essa frase novamente.

– Osmar, você está em missão ao nosso lado. Faça tudo conforme orientarmos, pois, no final, todos vão ganhar.

– Sim, Lucas. Obrigado por essa oportunidade.

– Não agradeça, escreva.

– Sim, vamos escrevendo e alimentando almas.

– Isso, a leitura enobrece o espírito, expande a consciência e alimenta a alma. Aquele que não lê se perde, e perde também a oportunidade de se atualizar sobre o que está acontecendo aqui na vida espiritual. Além, é claro, de prejudicar consideravelmente o seu intelecto.

– Ler é adquirir conhecimento, não é, Lucas?

– Sabedoria, Osmar. Sabedoria.

– Virtudes necessárias ao espírito?

– Isso mesmo.

– Mudança moral e intelectual são as principais necessidades do espírito em evolução.

– Isso, Osmar. Isso mesmo, parabéns!

– Vamos em frente.

– Sim, encontro você em breve para podermos continuar.

– Esperarei por você.

– Até, Osmar!

– Até, Lucas!

Assim, ele me deixou naquele dia, após me levar para casa e me desligar do desdobramento. Fiquei muito curioso. O que será que o obsessor teria para nos mostrar na reunião em que importantes decisões seriam tomadas? O que pode um obsessor fazer para nos auxiliar, já que a própria palavra nos induz a uma perseguição espiritual? Obsessores podem mesmo nos ajudar? Exílio amparado por assessores ? O que podemos aprender ao lado deles? Essas e tantas outras perguntas atordoavam a minha mente.

“

Nunca desperdice uma oportunidade evolutiva. São elas, as oportunidades, que o modificam todos os dias.

”

Lucas

O grande encontro

Após um encontro rápido no dia seguinte, nos dirigimos à caverna na qual havíamos deixado Virgílio no dia anterior.

– Bom dia, Lucas! – disse uma jovem muito bem-vestida que nos recepcionou.

– Bom dia, Raquel!

– Já está tudo pronto para a reunião de hoje, e o Virgílio está aguardando.

– Onde ele está?

– No auditório. Venha, vou levar vocês até lá.

Pusemo-nos a caminhar ao lado da jovem por um túnel bem largo e iluminado por diversas tochas colocadas nas laterais. O lugar era muito bonito, embora estivéssemos todos dentro do Umbral. Ao chegar ao salão, percebemos a presença de dezenas de obsessores.

O lugar era claro e havia, aproximadamente, duzentos espíritos sentados, todos calados e observando Virgílio, que estava sentado numa confortável cadeira sobre um palco. Ao seu lado, havia outros espíritos sentados, como se fossem figuras importantes que se destacavam do restante dos espíritos que ali estavam.

Raquel nos levou e nos sentamos bem próximos de Virgílio, que, naquele momento, percebeu a nossa presença e nos cumprimentou.

– Bom dia, Lucas! Bom dia, escritor!

– Bom dia! – respondemos sentando nas cadeiras indicadas pela jovem ao lado dele.

Virgílio falava alto para que todos pudessem ouvir. Ele disse:

– Senhoras e senhores, nossos convidados acabaram de chegar. Podemos dar início à nossa reunião.

Um homem subiu ao palco com alguns papéis nas mãos. Ele ficou em pé de frente para Virgílio e, após um sinal de autorização feito por Virgílio, ele começou a falar.

– Senhoras e senhores, muito bom dia!

Todos os presentes, então, responderam com um bom-dia. Percebi que havia mulheres e homens na plateia, todos obsessores. Alguns eram jovens, já outros nem tanto. Havia mulheres adultas e jovens meninas. Então, o senhor começou a falar:

– Conforme orientação do nosso líder aqui presente, trago, para os senhores e as senhoras, as orientações sobre os próximos passos da nossa equipe de trabalho. Não só entre os encarnados que obsidiamos, mas, principalmente, entre os desencarnados que se encontram em nossas jurisdições. Como informado anteriormente, nossa região de trabalho será esvaziada dentro em breve, e, agora, o nosso compromisso com os superiores é o de conscientizar e transferir aqueles que aceitarem o exílio por vontade própria. Na semana passada, tivemos um treinamento nas dependências do grande silo. Se os senhores tiverem alguma dúvida sobre o que lhes foi apresentado, por favor, após este encontro, me procurem no meu setor.

O Lucas me disse que esse tal silo é, na verdade, um grande galpão no qual são feitos treinamentos, cursos e estudos sobre os processos obsessivos. O homem prosseguiu.

– Vamos adentrar nas mentes sofridas, as quais estão em processo protetivo/obsessivo, e orientá-las a aceitar pacificamente nossas instruções sobre o exílio. Dentro de tudo o que lhes foi passado, quero ressaltar que nenhum espírito assistido ou obsidiado por nós sofrerá imposição para aceitar nossa proposta. Tudo deve ser feito dentro daquilo para o qual os senhores e as senhoras foram treinados. Aqueles que não aceitarem a transferência serão deixados à própria sorte, conforme as orientações superiores. Sendo assim, vamos seguir em conformidade com tudo o que nos foi passado pelo nosso líder. Algum dos senhores ou das senhoras tem alguma dúvida?

Um jovem obsessor que estava sentado na segunda fileira de cadeiras levantou o braço.

– Pois não?

– Bom dia, Feliciano!

– Bom dia, Luiz!

– Tenho uma questão sobre a qual gostaria de orientações superiores ou das suas, se lhe for permitido.

– Estamos ao seu dispor– disse Feliciano.

– Eu obsidio uma jovem chamada Alice. Estou ao lado dela desde a sua concepção na encarnação atual. Tenho tentado, através de diversas técnicas sugestivas e hipnóticas, convencê-la a aceitar o exílio como forma de purgar definitivamente seus débitos. Ela é muito rebelde e se nega a aceitar minhas orientações. Acontece que tenho laços de vidas passadas com Alice. Não sei se há aqui mais algum colega que também tenha laços com seu obsidiado, mas falo por mim e gostaria de sua orientação sobre como proceder, caso não consiga convencê-la a aceitar pacificamente o exílio.

– Visto que já demos treinamento para esses casos, o que o irmão deseja realmente saber?

– Se ela não aceitar, o que eu faço, Feliciano? Perdoe-me, mas tenho muito afeto por ela…

– As orientações superiores são de que todos os espíritos têm seu livre-arbítrio, sobre o qual não podemos interceder. A obsessão é e sempre será sugestiva, como todos sabem. Não podemos e não temos o direito de interferir quando um espírito decide, através de seu livre-arbítrio, dizer não para o que sugerimos, assim como não conseguimos obsidiar aqueles que, mentalmente, não se ligam a nós. Sugiro que o irmão deixe Alice seguir para o abandono espiritual e, quem sabe, através da pena do abandono, ela reconheça a necessidade de recomeçar para purgar definitivamente tudo o que fez em vidas pretéritas.

– Mas, como disse, tenho laços com ela. O amor que sinto não me condiciona a abandoná-la.

– Quais são seus laços, meu irmão?

– Laços afetivos de vidas passadas.

– Sabe que, se decidir acompanhá-la, terá que nascer em outro planeta ao lado dela, se é que lhe será permitido encarnar novamente. Acho, sinceramente, que o irmão deveria pensar muito bem sobre o que fará, caso regrida. Pelo que os superiores têm informado, aqueles que não estiverem alinhados com outros planetas ou outras dimensões não poderão seguir com seus pares para esses lugares. Os espíritos estão em evolução e não retroagem, lembra?

– Sim, tenho plena consciência de que, mesmo que eu queira, não terei acesso ao que já transpus através das mudanças espirituais que alcancei por meio de minha evolução.

– Se sabe, por que a dúvida?

– Perdoe-me, Feliciano, mas estou muito perdido mesmo. Eu amo Alice do fundo de mim. Como sabe, decidi trabalhar ao lado de vocês para protegê-la, e agora me encontro em um beco sem saída.

– Essa é uma decisão pessoal. Como dissemos, não temos o direito de interferir em seu livre-arbítrio. Cabe-nos somente orientá-lo de que, infelizmente, o irmão não conseguirá acompanhar a moça em outra dimensão.

– Agradeço a orientação do irmão. Vou dar o máximo de mim para tentar evitar o exílio de quem mais amo.

– Boa sorte, Luiz! Mais algum irmão tem algo a perguntar?

– Eu tenho– disse uma jovem se levantando.

– Pois não, Camila.

– O meu caso é muito parecido com o do nosso irmão Luiz.

– Pode dizer, minha irmã.

– Estou obsidiando o meu filho.

– E como está sendo a tarefa?

– Penosa e muito difícil.

– Qual é a dúvida da irmã?

– Meu filho está encarnado e, com a ajuda de outros amigos, são muitos os inimigos que estou evitando de tentarem ele. Meu filho é suicida e sua condição espiritual é uma entre as piores possíveis. Na última tentativa dos seus inimigos, que não desistem de fazer com que ele se enforque novamente, foi necessária a interferência do nosso líder Virgílio aqui presente. Pergunto: podemos ser ajudados pelo nosso sábio mentor nos casos em que nossos protegidos relutam contra o exílio? Obrigada! – disse ela se sentando.

Virgílio se levantou e, caminhando lentamente, chegou a uma posição em que todos podiam vê-lo na parte central do palco.

– Senhoras e senhores, agradeço à pergunta de Camila e eu mesmo a responderei. Obrigado, Feliciano! Como todos vocês sabem, estamos nessa missão há alguns milênios. Nosso trabalho é obsidiar aqueles que necessitam cumprir seus carmas, a fim de purgarem definitivamente todo o mal que fizeram em encarnações pretéritas.

Já houve muito questionamento sobre a forma que encontramos para que tudo se cumpra. Mas, após permissão superior, estamos encontrando êxito em tudo o que fazemos. Quero agradecer a todos vocês pela dedicação e pelo empenho nas tarefas exigidas por mim e pelos diretores espirituais das cidades superiores.

A obsessão é e sempre será utilizada como eficaz instrumento de auxílio àqueles irmãos que necessitam de proteção extra para que o espírito encarnado seja auxiliado nos processos purgatórios dos erros cometidos no passado, ou para que consigam seguir encarnados até o último dia necessário a findar todo o processo ao qual estão submetidos na programação encarnatória.

Seu filho, Camila, cometeu vários suicídios após ter provocado o incêndio que matou centenas de pessoas. E esses espíritos, no exercício do livre-arbítrio, continuam a persegui-lo em busca de vingança. Aconteceu, então, que você decidiu, após méritos espirituais, a condição de trabalhar conosco e, através da boa obsessão, protegê-lo desses insaciáveis espíritos, odiosos e vingativos.

O que todos precisam compreender é que, ao chegarem à vida espiritual, os espíritos que têm méritos recebem dezenas de sugestões e oportunidades de continuarem evoluindo. Uma delas é a de proteger quem ama até que o espírito consiga purgar tudo o que tem de purgar para, enfim, poder ascender às cidades espirituais e, nelas, permanecer em busca da evolução necessária. Tudo isso já foi muito bem explicado em literaturas espíritas anteriores.

Há mais complexidade que os espíritos encarnados precisam estudar e compreender para que não vivam de sonhos e que, finalmente, acreditem que exista uma realidade imaginável na vida espiritual. São milhares ou milhões de possibilidades que o Criador oportuna para que a criatura se reconheça como espírito eterno que é e, através do autoconhecimento, consiga perceber que tudo ao seu redor tem por objetivo a evolução do espírito.

"A ignorância é condição atrasadora da evolução."

Depois de se suicidar em muitas vidas, o ranço do suicídio impregnou o períspirito do seu filho. Toda vez que ele chega à encarnação, ao moldar e capturar os fluidos necessários para formar o novo corpo espiritual, ele insere inconscientemente o suicídio na fórmula preparatória do corpo perispiritual. Assim, ele estará sempre em busca de tirar a própria vida, como se, para recomeçar, sempre necessitasse da morte trágica. Trata-se de um círculo vicioso, em que o espírito, inconsciente de sua real condição, pouco consegue fazer.

Nesse caso, em particular, posso observar que Jonas, o seu filho, já adquiriu a condição de ser assistido em um posto de socorro e, quem sabe, após o tratamento, ser levado a uma cidade espiritual e permanecer ao seu lado. Aconselho você, minha irmã, a seguir com ele para o tratamento e, durante o amparo, convencê-lo a recomeçar. Dito isso, acredito que, muitos de vocês que se encontram na mesma condição de Camila, poderão extrair dessa orientação aquilo que também poderão praticar com seus obsidiados, visto que a maioria dos obsessores aqui presentes obsidia familiares, amigos e espíritos próximos.

Naquele momento, ouvimos um burburinho dentro do enorme salão. Todos estavam frenéticos com a informação dada por Virgílio. Feliciano se aproximou e perguntou a todos se havia mais alguma dúvida.

– Senhoras e senhores, por favor, silêncio. Ainda há algo que queiram perguntar?

Um senhor se levantou.

– Pois não, José.

– Eu gostaria de saber: no caso de deixarmos nossos protegidos à própria sorte, o que, de verdade, acontecerá com eles?

Novamente, Virgílio pediu a palavra e ficou de pé para responder.

– Meus irmãos, aqueles que deixarmos à própria sorte, certamente serão vítimas de seus desafetos e sofrerão muito nas regiões periféricas do Umbral. Não haverá amparo ou qualquer tipo de ajuda para esses infelizes irmãos. Dentro do projeto de exílio e das orientações recebidas por nós, há um cronograma a ser seguido por todas as colônias espirituais e por todos os umbrais (além, é claro, de todas as dimensões espirituais).

Os primeiros a serem exilados serão aqueles que, pacificamente, aceitarem a transferência, e isso já está ocorrendo em diversas colônias. Depois, haverá uma segunda chance para os que se arrependerem de não terem sido transferidos na primeira leva; estes, logo serão exilados. Em seguida, os umbrais serão esvaziados à força, momento em que a grande batalha acontecerá.

Dos planetas coadjuvantes ao grande projeto, virão milhares de irmãos para nos auxiliar na batalha do exílio. Nesse dia, descerá sobre o orbe os mais nobres espíritos, os quais, através do amor, atuarão de forma efetiva no exílio daqueles que sofrem. Infelizmente, uma batalha de armas químicas e nucleares, além de uma nova pandemia exterminarão da encarnação milhões de espíritos que sequer passarão pelo Umbral ou pelas Colônias. Esses, lamentavelmente, serão extraditados de imediato após o desencarne. São espíritos que estiveram nos umbrais e receberam o benefício da última encarnação, mas que fracassaram e não fizeram um bom uso dela. Por isso, a guerra.

Após esses exílios, os umbrais serão novamente povoados; porém, como sabemos, de espíritos em melhores condições. Mas eles nunca deixarão de existir, pois o sofrimento ainda será parte do processo evolutivo da maioria dos espíritos que ficar na Terra. Façamos o melhor por aqueles que estamos cuidando; se necessário for, recomecem suas vidas em outros planetas, a fim de nunca se desligarem de quem vocês verdadeiramente amam. Lembrem-se: "*só evoluímos, quando evoluímos um irmão*". Obrigado a todos e tenham um excelente dia!

Todos se levantaram e aplaudiram Virgílio.

O lugar se esvaziou rapidamente. Apressados, os espíritos deixaram o lugar.

– Venha, Osmar, vamos falar com ele.

Nos levantamos e seguimos até onde Virgílio estava sentado.

– Olá, Virgílio!

– Olá, Lucas!

– Perdoe-me, mas você pode me ajudar?

– O que deseja de mim?

– Eu gostaria, claro, se tiver sua permissão, de acompanhar dois de seus obsessores para podermos explicar melhor para os leitores tudo o que está acontecendo agora aqui no Umbral.

– Fique à vontade. – Feliciano! – gritou Virgílio.

Rapidamente, Feliciano se aproximou.

– Leve o Lucas e o escritor para acompanharem dois de nossos trabalhadores, para que ele possa relatar tudo o que estamos fazendo.

– Sim senhor, pode deixar. Venha, Lucas...

– Obrigado!

– Vá, acompanhe Feliciano e boa sorte! – disse ele olhando para mim.

Sorri para ele e segui ao lado de Lucas.

– Venham comigo...

Saímos do lugar.

“

Não há acasos nos desígnios de Deus…

”

Lucas

O primeiro encontro

Caminhamos ao lado de Feliciano para fora das dependências do lugar e chegamos a uma pequena praça, onde havia alguns bancos, nos quais alguns espíritos estavam sentados.

– Sentem-se aqui e me esperem, eu já volto.

– Obrigado, Feliciano! – disse Lucas.

Nos sentamos e ficamos observando o corre-corre dos espíritos que passavam apressados para lá e para cá.

– Que correria, Lucas.

– Está tudo muito acelerado. Não tem notado que tudo também está mais rápido na vida de vocês?

– Eu já notei que os dias estão mais curtos. Por que isso? Você sabe explicar?

– Os dias estão mais curtos, as semanas passam muito rápido, e o ano então... nem se fala.

– Pior que é verdade, Lucas.

– E vai acelerar ainda mais.

– Sério?

– Sim.

– Mas por que isso está acontecendo?

– Porque seu planeta está girando mais rápido. Somente por isso.

– Sério, Lucas?

– Sério.

– E por que isso está acontecendo?

– Faz parte do processo de regeneração do planeta. Tudo será diferente no próximo século e na Nova Era.

– Deus é perfeito, não é, Lucas?

– Ele é perfeito, magnânimo, justo, misericordioso, sábio, amoroso e tantas outras coisas que não cabem nesse seu livro.

– Fico pensando nas pessoas que não acreditam em Deus… o que será delas, Lucas?

– Desde a criação do primeiro espírito, há criaturas que sequer acreditam que foram criadas, e isso faz parte do projeto evolutivo da Criação. Se Ele tivesse criado todos nós perfeitos, acredito que a existência não teria sentido. Imagine um mundo com todos os espíritos perfeitos… o que seria de nós?

– Como assim, Lucas?

– A meu ver, seria um mundo sem graça, tudo perfeito, todas as coisas perfeitas. O que faríamos? O que as criaturas buscariam?

– Nem faço ideia.

– Pois eu não consigo imaginar uma vida sem desafios evolutivos. Acho, sinceramente, que esse lugar não existe.

– Se você, que é um espírito milenar, acha isso, quem sou eu para achar algo diferente...

– A minha existência é um desafio desde que me entendo como espírito eterno. Em todas as minhas encarnações, eu disse *todas*, tive que me superar para evoluir.

– Você está me deixando confuso, Lucas.

– Imagine, Osmar, se Ele tivesse nos criado perfeitos... o que é perfeição? Você já parou para pensar nisso?

– Ah, sei lá... acho que perfeição é ser do bem, não fazer mal a ninguém, não desejar o mal do outro, ser solícito, caridoso, bondoso, amigo, honesto, gentil, enfim... ter todas as virtudes que nos tornam perfeitos.

– Tudo isso que você pensou e falou está acessível a todos os espíritos, não está?

– Sim, todos podemos nos tonar perfeitos, ou seja, nos tornar melhores.

– Você conhece alguém perfeito?

– Não, infelizmente, não conheço ninguém com essa virtude.

– Tá vendo por que Ele nos criou assim?

– Começo a entender os motivos que Ele teve para nos fazer do jeito que fez.

– O motivo é óbvio: só se torna perfeito quem vive cada virtude exaustivamente e passa pelas experiências que possibilitam se compreender como espírito eterno, e, a partir dessa consciência, decidir qual caminho seguir.

– Perfeito, Lucas. Como eu nunca havia pensado nisso?

– É simples: vocês complicam demais a vida.

– É verdade. Basta nos aceitarmos como somos e, através dessa aceitação, buscar nosso aperfeiçoamento a partir das experiências vividas todos os dias para, quem sabe, ascender a planos superiores, onde as provas são perfeitas e preparam os espíritos para, definitivamente, viverem ao lado de Deus.

– Viu, como através de uma boa conversa, aprendemos muito?

– Sou grato a você, Lucas, por nos ensinar de forma tão simples o essencial que devemos aprender.

Naquele momento, Feliciano se aproximou de nós trazendo, ao seu lado, uma jovem.

– Lucas, essa é a Ana.

– Muito prazer! – disse Lucas.

– Este ao meu lado, desdobrado, é o escritor desta obra.

– Qual é o seu nome, escritor?

– Meu nome é Osmar, Ana.

– Seja bem-vindo!

– Já conversei com a Ana e vocês poderão acompanhá-la. Está tudo acertado.

– Obrigado, Feliciano! – disse Lucas.

– Venham, rapazes, precisamos ir – disse a jovem se preparando para sairmos de onde estávamos.

Pusemo-nos a caminhar em direção ao túnel que nos levou até aquele lugar.

– Venham, entrem no túnel ao meu lado – orientou Ana.

Caminhamos ao lado dela por algum tempo até que chegamos a uma casa numa cidade bem grande. Confesso que, naquele momento, tive a impressão de estarmos no Rio de Janeiro.

A casa era grande e muito luxuosa. Entramos pelos magníficos jardins com frondosas árvores e flores. Percebi se tratar de uma família muito rica, pois o luxo estava em todos os lugares.

– Venham, vamos entrar.

Entramos e chegamos à sala de jantar, onde vi seis pessoas sentadas. Na cabeceira, estava um homem de idade avançada; ao seu lado, uma mulher aparentando uns 45 anos; ao lado dela, um homem da mesma idade e de cabelos grisalhos; à frente do casal, havia duas jovens. Todos comiam sendo servidos por dois mordomos. Era hora do jantar.

Nos alocamos do lado esquerdo da sala, num ponto de onde podíamos ver tudo o que acontecia no ambiente. Ana se colocou ao lado das jovens, que não conversavam, apenas se alimentavam com saladas. Estavam caladas e de rosto fechado.

Foi quando vimos entrar pela porta um rapaz desencarnado, sujo, desfigurado e com muito ódio no coração. Aquele espírito era assustador. Ana se colocou em posição de proteção às jovens, como se esperasse um ataque daquele espírito trevoso que acabara de chegar.

– Você continua protegendo elas?

– Sempre as protegerei, e você sabe que não adianta insistir. Não vou me afastar.

– Preciso destruir essa aí – disse o obsessor apontando para a jovem sentada à mesa.

– Já conversamos bastante sobre isso e, não adianta, não vou permitir que você a obsidie.

– Eu não vou embora. Não vou deixar este lugar.

– Eduardo, o melhor é você aceitar a nossa proposta e recomeçar.

– Vejo que trouxe reforço hoje.

– Não é reforço, é um amigo.

– Quem é esse seu amigo? – disse o espírito se aproximando de Lucas.

O meu coração disparou e quase me desconectei do desdobramento naquele momento.

– Eu me chamo Lucas. E você?

– Lucas, é? Interessante... quem é você, Lucas?

– Um emissário de Deus.

– Emissário de Deus, o que você quer aqui?

– Vim junto a Ana para conversar com você. Aproveite a oportunidade que você tem para recomeçar e se melhorar, meu irmão.

– Mais um para vir com essa ladainha de nascer de novo em outro planeta. Eu só quero me vingar dessas aí... somente após me vingar delas é que aceito qualquer coisa. E não adianta vir falando de Jesus. Se quer saber meu nome, eu me chamo Eduardo.

– Eu não vim falar de Jesus, eu trago Jesus dentro de mim, Eduardo, e quero compartilhá-Lo com você.

– Mais um para me contar um monte de bobagens. Todos que chegam aqui vêm com essa história de salvação.

– Não, não são bobagens. Eu posso lhe mostrar Jesus.

– Me mostrar Jesus? Qual é a mágica?

– A mágica é simples.

– E qual é?

– E Ele disse: *"Venham a mim, todos os que estão cansados e sobrecarregados, e eu darei descanso a vocês"*.

Naquele momento, Eduardo, já fraco e muito magro, caiu sobre as próprias pernas, e foi amparado por Lucas que, num gesto rápido, socorreu o espírito moribundo sem deixá-lo tocar o chão.

Lucas se ajoelhou e repousou o corpo desfigurado do rapaz sobre seu colo e, o acariciando, disse:

– Jesus te ama e nos enviou para te salvar. Venha conosco para uma nova vida e você poderá rever toda a sua existência e, através do arrependimento sincero, depurar todas as mazelas contraídas nos processos obsessivos que você tem praticado contra essas irmãs. Receba essa oportunidade, como sendo a prova mais eficaz do amor de nosso querido irmão por você, Eduardo.

O rapaz, então, começou a chorar e, em lágrimas, abraçou Lucas. Ana e eu estávamos muito emocionados. Naquele instante, nos aproximamos de Lucas e de Eduardo para, quem sabe, auxiliar o iluminado mentor em sua tarefa de salvamento e resgate daquele infeliz irmão.

A família sequer percebia que estávamos ali auxiliando um espírito sofredor que vivia obsidiando as jovens daquele lar.

– Eu preciso me vingar do que elas fizeram a mim.

– A vingança só lhe faz sofrer. Não consegue ver? Olhe para o seu corpo... ele está se desintegrando, sua pele está horrível, você está sumindo e não percebe que o maior prejudicado é você mesmo. Se insistir em continuar essa obsessão, você jamais conseguirá reconstruir sua vida, sua história.

– Por acaso você sabe o que elas fizeram comigo? Essa casa era minha, essa mesa era minha... essa é a minha mãe e esse é o meu pai. Elas sequer pensaram que eu poderia sofrer quando me empurraram na piscina. Elas fingiram não ver que eu estava me afogando e me deixaram morrer ali, sozinho, sem ninguém para me ajudar. Eu era apenas um menininho de 7 anos... elas foram cruéis comigo, Lucas. Minha mãe, até hoje, chora diariamente quando passa pela porta do meu quarto. Ela nunca mais sorriu... uma parte da minha querida mãezinha morreu comigo naquele dia.

– Posso lhe assegurar que suas irmãs não tiveram a intenção de tirar a sua vida. Foi tudo um acidente, Eduardo. Veja como um acidente e seu coração vai se aliviar.

– Todos os espíritos que chegam aqui dizem a mesma coisa... "foi um acidente", "elas não queriam matar você" e blá, blá, blá.

– Olhe para você, Eduardo. Olhe seu estado, meu querido irmão.

– Eu sei que estou cada dia pior, mas não consigo perdoá-las.

– Somente recomeçando é que você vai perceber que o maior erro que está cometendo é o de não perdoá-las. Saiba que Jesus te ama profundamente e que Ele tem um propósito para a sua vida.

– Estou cansado...

– Nós estamos aqui para ajudá-lo. Venha conosco. Prometo que você não vai se arrepender de nos acompanhar.

– Para onde você quer me levar?

– Vou levá-lo a um hospital onde alguns amigos nossos irão cuidar de suas feridas e refazer seu corpo. Depois, eles vão encaminhar você para um novo planeta, onde poderá recomeçar toda a sua trajetória evolutiva. Novas pessoas, novos amigos, uma nova família...

– E minha mãe?

– Ela permanecerá aqui até cumprir tudo o que tem para cumprir.

– Eu poderei vê-la?

– Possivelmente, em desdobramento, você poderá visitar todos aqueles que permanecerão nesse planeta. Mas você há de convir que, provavelmente, toda a sua família também será exilada para o mesmo lugar que você e, juntos, poderão recomeçar.

– Por que você acha isso?

– Pelas auras que você não pode ver, mas que um espírito como eu pode enxergar.

– Não sei o que fazer... confesso que estou cansado de tudo isso. Estou muito cansado.

– É uma boa oportunidade para você seguir ao nosso lado e se dar uma chance de recomeçar.

– Você poderá me ajudar?

– Não poderei seguir com você, mas vou recomendá-lo para alguns amigos meus que cuidarão muito bem de você.

Ana se aproximou e acariciou Eduardo.

– A melhor escolha é evoluir, Eduardo. Aceite a proposta do Lucas e vá para outro planeta.

– Eu quero pedir desculpas por tudo o que eu fiz você passar, Ana.

– Não tem que me pedir nada. Siga evoluindo e eu estarei feliz.

– Me ajude a levantar, por favor?

Naquele momento, Lucas e Ana auxiliaram Eduardo a ficar de pé. Ele então se aproximou da mãe, que estava reflexiva sentada à mesa, e lhe beijou a face.

– Mãe, vou buscar minha evolução. Um dia, te encontro novamente.

Eduardo olhou para seu pai e suas irmãs sem dizer nada. Depois, ele se aproximou do senhor sentado à cabeceira e lhe beijou a mão.

– Vô, eu te amo, e obrigado por tudo.

Então, Eduardo disse:

– Eu vou com você, Lucas.

– Excelente escolha, meu amado irmão. Vou levá-lo para um lindo lugar, onde você será ajudado. Parabéns por sua sábia decisão!

Naquele momento, um enorme túnel de luz se abriu no ambiente e, após uma despedida rápida de Ana, entramos nele em direção à Colônia Espiritual Amor e Caridade.

Alguns maqueiros nos esperavam na saída do túnel e logo colocaram Eduardo deitado e já desacordado. Então, o levaram para dentro do posto de socorro. Fomos recebidos por Gilberto, um velho conhecido, presente em quase todas as psicografias que faço ao lado de Lucas.

– Parabéns, Lucas, pelo resgate!

– Eu é que agradeço a Deus, Gilberto, por ter me proporcionado essa missão.

– Eduardo precisava tomar essa decisão e, graças à sua energia e às suas palavras, ele fez a escolha mais acertada. Agora, vamos cuidar dele e logo ele será transferido para outro planeta, onde poderá reencarnar e recomeçar sua evolução espiritual.

– Eu agradeço a receptividade, Gilberto.

– Estamos a serviço do amor.

– Agora, tenho que ir. Obrigado por sua assistência.

– Pode deixar, fique tranquilo. Vamos cuidar de tudo.

– Até breve, amigo!

– Até!

– Venha, Osmar. Vou deixá-lo agora, mas, em breve, procuro por você novamente para darmos continuidade.

– Estarei esperando, Lucas.

– Fique em paz.

– Obrigado!

Nos separamos. Ele voltou às tarefas espirituais, e eu humildemente às minhas tarefas humanas…

O medo de acreditar no óbvio nos afasta das coisas de Deus.

Osmar Barbosa

Deixados à própria sorte

Alguns dias depois daquela despedida, fui novamente procurado pelo Lucas, após chegar de mais um dia de estudos no centro espírita.

– Olá, Osmar!

– Oi, Lucas!

– Vamos escrever?

– Sim, claro!

– Desdobre e me siga.

Obedecendo, o segui em desdobramento até o Umbral.

– Novamente no Umbral, Lucas?

– Sim. Como sabe, é o meu local de trabalho.

– Admiro muito você. Gostaria que ficasse certo disso.

– Eu também admiro sua coragem e sua disposição para enfrentar o que enfrenta todos os dias pela causa espírita.

– Já me acostumei às lutas, Lucas.

– Que bom que você não desiste. É muito importante o trabalho que você faz. Pode ter certeza de que todos aqui estão muito felizes.

– Jamais desistirei. Agradeço de coração a todos vocês que me permitem estar aqui e escrever todas essas estórias.

– Vamos seguir em frente, meu nobre amigo.

Chegamos a um descampado, onde quase não podíamos ver nada. A névoa que nos envolvia era densa e muito escura.

– Onde estamos, Lucas?

– Próximos ao Vale da Morte.

– Vamos nos encontrar com alguém?

Bastou eu perguntar para observar que, em nossa direção, vinha um vulto com uma enorme capa que revoava conforme o espírito caminhava rapidamente.

– Nosso amigo está chegando – disse Lucas olhando em direção à imagem que se aproximava.

Foi então que o espírito chegou... e logo cumprimentou o Lucas.

– Como está, Lucas?

– Estou bem, Bernardo.

– Quem é esse médium desdobrado?

– Osmar Barbosa, senhor. Muito prazer! – disse lhe estendendo a mão direita para cumprimentá-lo.

– Seja muito bem-vindo! Ainda bem que é médium.

– Por quê? – perguntei.

– Porque vou levá-los a um ambiente no qual estão centenas de médiuns fracassados.

– Meu Deus! – disse.

– Prepare-se, meu amigo, pois verá o sofrimento daqueles que receberam o mesmo dom que você, mas que, infelizmente, não souberam aproveitar da mediunidade que tinham.

Olhei assustado para o Lucas, mas nada comentei.

– Venham, amigos, vamos adentrar no Vale.

Uma estrada muito estreita nos levou até o Vale da Morte. O lugar era bastante povoado, e pude observar várias barracas, como se o local fosse um grande acampamento. Havia centenas delas espalhadas por todo o ambiente. A névoa não nos permitia ver muito, mas eram centenas de tendas e barracas. Algumas eram bem grandes, com vários espíritos em seu interior. Eram tantas que eu posso arriscar dizer que, naquele lugar, existiam milhares de tendas cheias de espíritos.

A estrada agora havia se tornado uma pequena trilha. Pude ver que, na parte central do grande acampamento, tinha uma enorme tenda, dentro da qual alguma coisa acontecia. Eu ouvia batuque de tambores. Naquele momento, pensei que estivéssemos indo ao encontro de algum ritual, mas preferi me calar e esperar pelos acontecimentos. Não havia ninguém fora das barracas, todos os espíritos estavam em seu interior.

Observei que não havia nenhum recurso que pudesse melhorar a situação dos espíritos que ali viviam. Bernardo era alto, forte e muito sério. Ele quase não conversava conosco. Depois de muitas psicografias, aprendi que sou um mero médium desdobrado e que, quanto menos eu falar, melhor para aprender ao lado desses espíritos. Procuro sempre relatar com fidelidade tudo o que sinto e vejo ao lado deles.

– Chegamos! – disse ele parando perto da porta de entrada da grande tenda, de onde era possível ouvir muito barulho de gente falando, cantando e até gritando. A balbúrdia era geral.

Assustei-me com o ruído que vinha de dentro daquele lugar, mas me calei à espera das orientações dos mentores que ali estavam.

– Neste lugar está concentrado um grande número de médiuns que fracassou no exercício da tarefa mediúnica. Você poderá ver e escrever apenas o que eu permitir ser mostrado. Vou apresentá-lo a alguns espíritos que se propuseram a falar com você.

– Anotarei tudo, senhor.

– Tudo aqui é real e deve ser relatado com fidelidade para que sirva de orientação àqueles que estão envolvidos direta ou indiretamente com os centros espíritas espalhados sobre o orbe terreno.

– Pode deixar, Bernardo.

– Vamos entrar. Não se assuste com o que vai ver.

– Pode deixar.

A porta se abriu e vi centenas de espíritos dentro daquele lugar. Alguns estavam sentados; outros, deitados e muitos sequer se mexiam... pareciam cadáveres à espera de um milagre para renascerem. Devido a uma fumaça no ambiente, quase não conseguíamos ver e caminhar entre os corpos, tamanha era sua densidade. Ao fundo, havia algumas cadeiras, nas quais alguns espíritos estavam sentados. Eles formavam um círculo, e foi para lá que caminhamos entre os corpos caídos.

– Venha, Osmar – disse Lucas, caminhando cuidadosamente entre os moribundos.

Custamos muito a chegar até o pequeno grupo que, ao perceber nossa aproximação, parou de cantar uma melodia que parecia um lamento em forma de mantra. No círculo, havia três cadeiras posicionadas à nossa espera. Um a um, nos sentamos sem nada falar. Ao lado da cadeira em que Bernardo se sentou, estava uma senhora muito velha. Ela tinha muitas rugas por todo o rosto e pareceu ser muito idosa, pois seu corpo era curvado. Ao lado dessa senhora, havia um homem de cabelos brancos e, ao lado dele, uma outra mulher, um pouco mais jovem. Foram eles que nos receberam. Os demais espíritos que faziam parte do grande círculo sequer olharam para nós.

– Boa noite, Eunice!

– Boa noite, Bernardo! Vejo que trouxe o combinado.

– Sim, trouxe o escritor e, ao lado, seu mentor espiritual.

– É lindo o seu mentor espiritual, meu rapaz – disse a senhora.

– Obrigado, senhora!

– Qual é o seu nome, meu rapaz?

– Osmar Barbosa, senhora.

– Vejo que é médium e está desdobrado.

– Sim, escrevo em desdobramento.

– Pena não ter aprendido a usar minha mediunidade de desdobramento.

– A senhora também foi médium?

– A vida inteira.

– O nome da senhora é Eunice? É isso?

– Sim, me chamo Eunice e estou aqui há mais de oitenta anos.

– Conte para ele, Eunice, tudo o que a fez chegar aqui e o porquê de vocês estarem largados à própria sorte.

– Foi por isso que pedi ao Bernardo que trouxesse alguém aqui, para que pudesse escrever sobre a nossa vida.

– Sou um lápis para a senhora – disse.

– Pois anote, meu rapaz. Eu me chamo Eunice, tenho 86 anos e não consigo me livrar dessa idade, embora todos os espíritos, quando chegam à vida espiritual, possam refazer a forma perispiritual e rejuvenescer. Essa é a primeira pena para aqueles que estão largados aqui: nós não conseguimos ter acesso aos corpos espirituais que moldamos nas encanações para que, com isso, não seja possível nos modificar.

– Que estranho… – disse.

– O que é estranho, Osmar? – perguntou Lucas.

– O fato de ela não conseguir modificar sua aparência é preocupante. Foge daquilo que estudamos sobre os corpos espirituais.

– Acontece que, estando abandonado na vida espiritual, você não tem permissões. Dentre as permissões que lhes são negadas, essa é uma delas.

– Existem outras coisas às quais vocês não têm acesso, Eunice?

– Olha, meu rapaz, como todos sabem, o planeta está sendo regenerado, e muitos espíritos não terão mais a permissão de continuar aqui. Nós já fomos intimados a deixar este lugar; no entanto, por decisão da maioria, pois tudo aqui é decidido pela maioria, nós decidimos que não iremos ascender aos planetas que estão nos esperando para recomeçarmos. Dessa forma, somos naturalmente penalizados pelas Leis Naturais que regem toda a Criação.

Ao entrar em desacordo com essas Leis, naturalmente ela nos repele, tornando-nos verdadeiros intrusos dentro das energias que comandam a regeneração. Assim, todas as conquistas anteriores ao desencarne são anuladas aqui.

Trabalhei como médium em diversos centros espíritas em todas as minhas encarnações. Aprendi muito sobre magias, rituais, orações, alquimias, novenas, firmezas, fundamentos, preceitos, sacramentos, e tudo o que envolve o dom mediúnico.

Em algumas dessas vidas, como médium, até que me saí muito bem, mas, na maioria delas, eu fracassei; ao chegar aqui, fui impedida de reencarnar e recomeçar. Na minha ficha, estava escrito que eu tinha de ser exilada para outro planeta, um que estivesse de acordo com a minha psique. Acontece que, como disse, decidimos não ser exilados, e as consequências dessa nossa decisão ainda não conhecemos. No entanto, como você pode ver, já estamos no inferno.

Sei que algo vai nos acontecer, mas já estamos acostumados a esperar e vamos esperar até o último veículo para podermos sair do nosso lugar. Se nos for permitido, é claro. Estramos neste vale há muitos séculos, e não renunciaremos ao nosso território. Essas terras foram tomadas pelos nossos ancestrais e nos pertencem por direito.

– Você não quer dizer nada, Jorge? – perguntou Bernardo.

– Eu também fui médium durante muitas vidas. Fui sacerdote, dirigente, tarefeiro, obreiro, feiticeiro e tudo o que a mediunidade podia me ofertar. Ganhei muito dinheiro no exercício da minha mediunidade e ajudei muita gente a ficar rica através das magias que aprendi com meus pais e avós. Estou aqui há mais de cem anos. Sou prisioneiro deste lugar, mas não reclamo. Estou nele por decisão particular e exijo respeito pelo que aprendi e sei sobre mediunidade.

Desencarnei ao ser assassinado por um cliente infeliz que não teve paciência de esperar pelo resultado do trabalho que ele havia encomendado. Faz parte do meu negócio esse tipo de coisa. Eu, assim como Eunice, decidi que não vou deixar este lugar. Só saio daqui à força; se for pela minha vontade e decisão, viverei aqui eternamente.

Como o senhor pode ver, não temos luxo, não temos água, café, comida, roupas, casas… não temos nada, mas temos uns aos outros e é o que nos mantêm nesta tribo. Aconselho a todos que lerem este livro que reflitam muito bem acerca de suas mediunidades, pois eu até pensei em sair daqui, mas há milhares de espíritos por aí, nas estradas do Umbral, apenas me esperando passar… eles não compreenderam o que eu fiz por eles. Assim, sou prisioneiro de mim mesmo.

– Você não vai falar nada, Denise?

– Posso falar?

– Claro, Denise! – disse Bernardo.

– Eu nunca frequentei um centro espírita; sequer entrei em um quando encarnada. Sempre fui pastora de igreja. Em três encarnações, fui pastora e usei do dom mediúnico dentro das igrejas nas quais pregava.

Denise começou a chorar e nos calamos esperando ela se recuperar.

– Desculpe, senhores.

– Prossiga, minha irmã – disse Bernardo.

– Usei o dom mediúnico para enganar, roubar, ludibriar e extorquir pessoas pobres e de bem. Todas as visões que minha mediunidade de vidência me permitia, eu modificava para aterrorizar as pessoas, a fim de me tornar uma figura importante e, através do ego, enganar. A mais enganada em toda essa história, infelizmente, sou eu mesma. Eu é que sofro aqui há mais de cinquenta anos, sem bebida, sem comida, sem parentes, sem ninguém.

Se todos os médiuns tivessem consciência da importância do uso correto da mediunidade, este lugar não existiria. Não haveria, como os senhores podem ver, milhares de espíritos sofrendo e entregues à própria sorte. A pior coisa que pode acontecer a um médium é ser abandonado pelo seu guia, mentor espiritual ou anjo da guarda. A pior coisa que pode acontecer é quando seu guia, seu mentor ou seu anjo da guarda dá as costas para você .

É nessa hora que você fica entregue à própria sorte e, estando à própria sorte, você sente o abandono espiritual. Algo que só quem vive no Umbral sabe o que é. Por isso, anote em seu livro escritor: CUIDADO com o que você está fazendo com a sua mediunidade. Cuidado com as pessoas despreparadas ou gananciosas que fingem ter mediunidade para enganar ou mesmo para sobreviver. Essa é a pior das armadilhas à qual você pode cair, e, ao cair na armadilha do charlatanismo, o Umbral é pouco para você.

Você está vendo aqui todos esses corpos amontoados que parecem estar sem vida? São de médiuns que fracassaram e sequer têm forças para se levantar e buscar auxílio. O Criador não nos pune e nunca irá nos punir. O fato de estarmos assim é porque cometemos tantos erros que os nossos próprios erros refletem sobre nosso patrimônio espiritual, aniquilando-o através de tudo o que fizemos para inflar nosso ego e suprir os caprichos de nos acharmos médiuns.

Fui da igreja e vivi a dor do outro todos os dias. Eu sabia como ajudá-los, mas preferia ser chamada de poderosa, de ministra, de apóstola. O que nunca fui. Eu errei e, muitas vezes, minha consciência me alertava sobre minhas falhas e meus erros, mas eu estava sobre todos, era requisitadíssima, todos queriam a pastora poderosa que via o futuro das nações.

Usei e abusei do meu dom, e olha onde estou. Veja o que me tonei de verdade... sou um lixo que não serve nem para o lixo. Não quero ir para outro planeta, porque não quero recomeçar. Tenho vergonha de mim mesma. O que eu quero é ser extinta... e vou esperar até o último veículo para, quem sabe, deixar de existir, pois nem existir eu mereço. Sou um lixo! Transformei a minha existência em lixo. Usei da minha mediunidade para me tornar a pior criatura que possa ter existido na Terra. Agora, estou aqui e aqui vou permanecer.

Olhei para aquela mulher e pensei: "meu Deus, por que as pessoas são assim?".

Bernardo se levantou e, de pé, agradeceu a Eunice, Jorge e Denise pelas informações.

Saímos sem ao menos nos despedir, tamanho era o constrangimento em que me encontrava. Estava chocado com tudo aquilo.

– Venha, Osmar, venha comigo– disse Lucas.

– Até breve, Bernardo!

– Até breve, Lucas e Osmar!

– Até, meu amigo! – disse enquanto me afastava.

Caminhamos por um bom tempo até nos distanciarmos bastante do Vale da Morte. Chegamos a uma parte do Umbral onde o ambiente era um pouco melhor. Havia um rochedo, de onde podíamos ver um vale aos nossos pés, e ali nos sentamos para conversar.

– Que coisa horrível a que eu vi agora, Lucas.

– Realmente, é muito triste o que eles vivem.

– Mas por que eles não se decidem logo pelo exílio, Lucas? Isso vai ser muito bom para eles.

– Quer que eu seja sincero?

– Claro!

– Eu acho que é por vergonha.

– Vergonha?

– Sim, acho que eles têm vergonha de tudo o que fizeram e, no final, apostam em uma misericórdia.

– Será que eles esperam pelo perdão de Deus por tudo o que fizeram e, com isso, a permissão d'Ele para continuarem na Terra?

– Acredito que sim... foram tão maliciosos a vida inteira que acho que vão tentar mais uma malícia para permanecerem aqui.

– Coitados...

– Osmar, os primeiros espíritos que estão sendo CONVIDADOS a deixar o planeta Terra são os médiuns, como dissemos antes. E vou explicar por que eles foram os escolhidos. Você quer anotar?

– Claro que sim, Lucas! Mas, antes, posso perguntar uma coisa?

– Claro!

– Por que você me tirou tão depressa de lá?

– Porque as energias daquele lugar são tão densas que poderiam fazer mal a você, e eu estou aqui para cuidá-lo.

– Obrigado, mais uma vez, Lucas.

– Você quer anotar quem serão os primeiros espíritos a deixar o planeta Terra?

– Sim, perdoe-me.

– Então, anote. Não sei se já expliquei o que vou falar agora, mas, se expliquei em alguma parte deste livro, vale a pena reforçar para que todos compreendam o principal motivo desta psicografia.

– Ótimo, Lucas!

– Vamos lá.

– Sou todo anotação.

– Dentro do processo de regeneração, há uma mudança espiritual, fluídica e dimensional. Essa mudança exige ajustes que começaram há muito tempo. Na verdade, a religião espírita é parte principal desse processo. Quando o codificador elaborou os ensinos espíritas, ele era instrumento usado pela espiritualidade superior, a qual tinha como objetivo maior esclarecer a humanidade sobre o que acontece na vida após a vida, e, é claro, direcionar todos os espíritos através dos ensinos evangélicos modernizados, além da reforma íntima, moral e intelectual. As palavras de Jesus já estavam ficando ultrapassadas; precisavam se modernizar.

Por isso, viemos à Terra em número acentuado, para dar todo suporte sobre o entendimento da existência de uma vida contínua a todos os espíritos. Logo que todas as dimensões espirituais souberem, algumas se alinharão ao Novo Tempo. Porém, como é sabido, os espíritos não são aprisionados quando deixam a vida corpórea ou viram santos quando morrem... você é livre para acreditar nestas linhas, assim como é livre para ignorá-las. Assim, a mediunidade chegou junto ao codificador.

Aliás, foi através da mediunidade que a codificação se apresentou a todos vocês e se tornou diretriz da doutrina dos espíritos. Logo que os obsessores, os espíritos trevais, os magos negros e os demais espíritos que vivem na erraticidade (seja por vontade própria, seja por imposição dos seus estados energéticos e perispirituais) descobriram os médiuns, eles perceberam que poderiam, através de suas influências, desacreditar tudo o que o nobre codificador havia recebido das esferas superiores.

É importante que todos saibam que os espíritos são livres, encarnados ou desencarnados. O livre-arbítrio é instrumento justo para a evolução de todos.

– Meu Deus!

– Ao perceber que inflando os egos, eles poderiam destruir a religião espírita, se puseram em campo. Infelizmente, a maioria dos médiuns e outros que flertavam com a mediunidade, se tornaram vítimas fáceis desses algozes da religião dos espíritos. Daí o motivo de o exílio começar pelos médiuns: exilando aqueles que insistem em usar a mediunidade da forma errada, os espíritos malfazejos perdem o instrumento de destruição da verdadeira religião do Cristo.

– Uma vez, Daniel me disse que "*o espiritismo não é a religião do futuro, o espiritismo é o futuro de todas as religiões*".

– E ele está certo, Osmar. Mas confiemos na providência divina.

– Quer dizer que, tirando os médiuns da Terra, a religião se estabelecerá da forma correta? É isso?

– Nenhuma religião está certa. Religião é coisa dos homens... são vocês que precisam de uma religião. Nós estamos em todos os lugares; sendo assim, para nós, não importam denominações, mas corações...

– Então, você pode me explicar melhor, Lucas? Perdoe-me.

– Sempre haverá médiuns que cometerão erros mediúnicos. Disso, vocês nunca ficarão livres. Ocorre que estão sendo exilados aqueles que cometeram sucessivamente o erro no uso da mediunidade. Esses não mais encarnarão. Os primeiros são os que estão aceitando o exílio pacificamente, mas, muito em breve, você verá aquela região sendo esvaziada, pois esses espíritos não viverão mais aqui, como já informamos.

– Entendi, Lucas. É a separação do joio.

– Exatamente. Deixa-se crescer juntos e depois se separa. Esse é o momento da separação.

– E aqueles médiuns que, após lerem este livro, se decidirem por reparar suas falhas mediúnicas? Eles terão uma nova chance?

– Este livro é a nova chance... aproveite cada linha escrita por nós e modifique seu jeito mediúnico. Modifique a forma como você está exercendo sua mediunidade, e tudo se modificará ao seu redor.

– Obrigado, Lucas! Não tenho palavras para agradecer.

– Vou deixar uma frase para você e seus leitores refletirem.

– E eu a escreverei, Lucas, com todas as minhas forças...

– "*A mediunidade é dom divino que divinamente deve-se exercer.*"

Fiquem com Deus.

– Gratidão, Lucas!

Fim

Dedico este livro aos médiuns que, junto a mim, exercem o serviço caridoso do amor no Hospital Espiritual Amor e Caridade.

Osmar Barbosa

Outtros títulos lançados por Osmar Barbosa

Conheça outros livros psicografados por Osmar Barbosa. Procure nas melhores livrarias do ramo ou pelos sites de vendas na internet.

Acesse
www.compralivro.com.br

Cinco Dias
no Umbral
OSMAR
BARBOSA
PELO ESPÍRITO DE NINA BRESTONINI
BOOK ESPÍRITA

O
Guardião
da Luz
OSMAR
BARBOSA
PELO ESPÍRITO DE DANIEL
BOOK ESPÍRITA

OSMAR
BARBOSA
PELO ESPÍRITO DE NINA BRESTONINI
ANTES
QUE A
MORTE NOS
SEPARE
BOOK ESPÍRITA

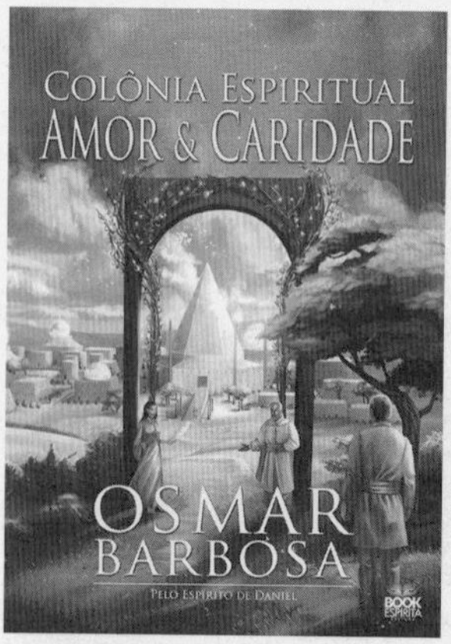
COLÔNIA ESPIRITUAL
AMOR & CARIDADE
OSMAR
BARBOSA
PELO ESPÍRITO DE DANIEL
BOOK ESPÍRITA

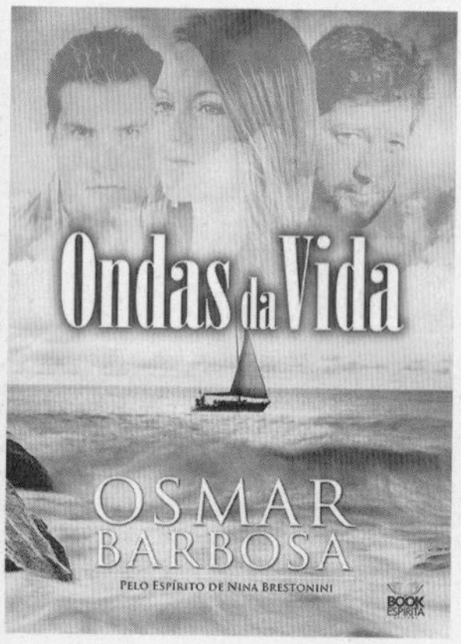
Ondas da Vida
OSMAR
BARBOSA
PELO ESPÍRITO DE NINA BRESTONINI
BOOK ESPÍRITA

A
BATALHA
DOS
ILUMINADOS
OSMAR
BARBOSA
PELO ESPÍRITO DANIEL
BOOK ESPÍRITA

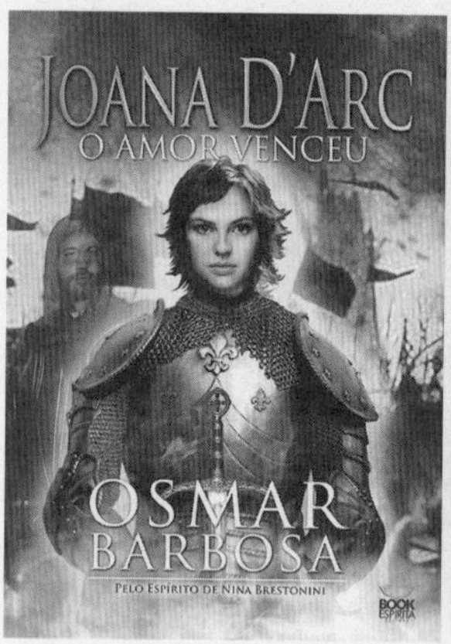
JOANA D'ARC
O AMOR VENCEU
OSMAR
BARBOSA
PELO ESPÍRITO DE NINA BRESTONINI
BOOK ESPÍRITA

OSMAR
BARBOSA
PELO ESPÍRITO DE NINA BRESTONINI
ALÉM DO SER
A História de um Suicida
BOOK ESPÍRITA

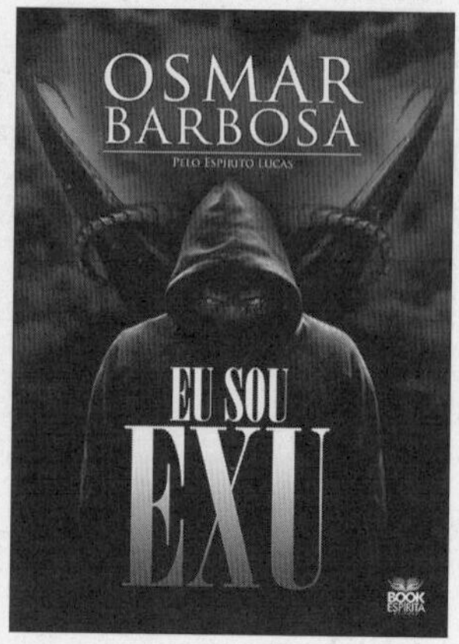
OSMAR
BARBOSA
PELO ESPÍRITO LUCAS
EU SOU
EXU
BOOK ESPÍRITA

Osmar Barbosa
Pelo espírito Daniel
Orai & Vigiai

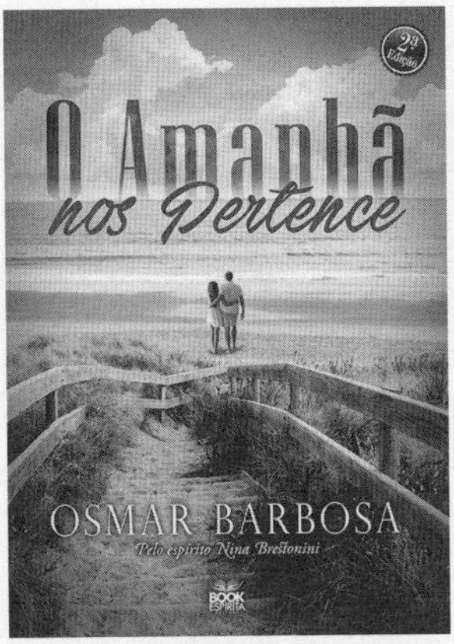
2ª Edição
O Amanhã nos Pertence
OSMAR BARBOSA
Pelo espírito Nina Brestonini
BOOK ESPÍRITA

Mãe, voltei!
OSMAR BARBOSA
PELO ESPÍRITO NINA BRESTONINI
BOOK ESPÍRITA

500 almas
OSMAR
BARBOSA
PELO ESPÍRITO DE NINA BRESTONINI
BOOK ESPÍRITA

O Lado Azul da Vida
OSMAR
BARBOSA
PELO ESPÍRITO NINA BRESTONINI
BOOK ESPÍRITA

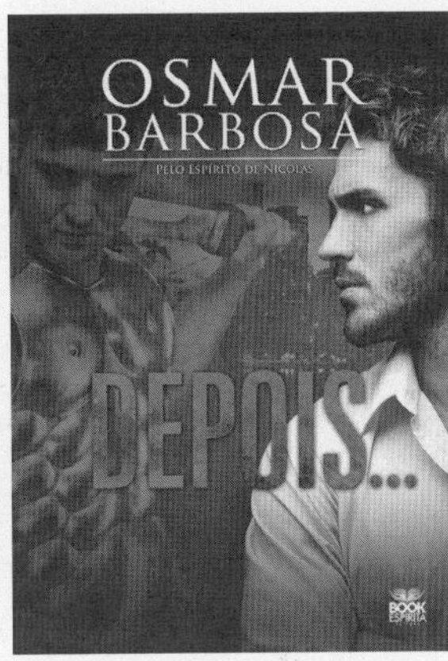
OSMAR
BARBOSA
PELO ESPÍRITO DE NICOLAS
DEPOIS...
BOOK ESPÍRITA

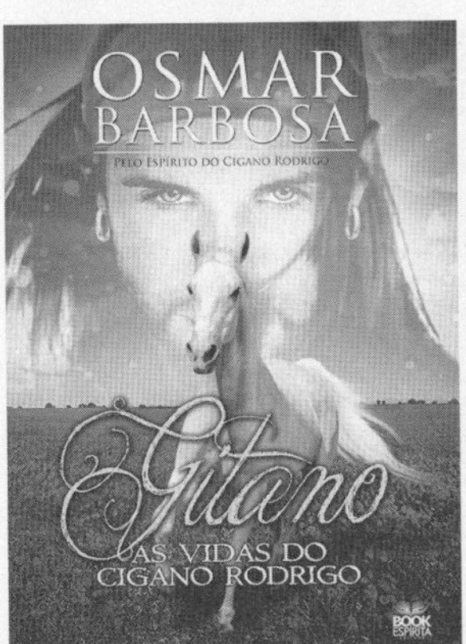
OSMAR
BARBOSA
PELO ESPÍRITO DO CIGANO RODRIGO
Gitano
AS VIDAS DO
CIGANO RODRIGO
BOOK ESPÍRITA

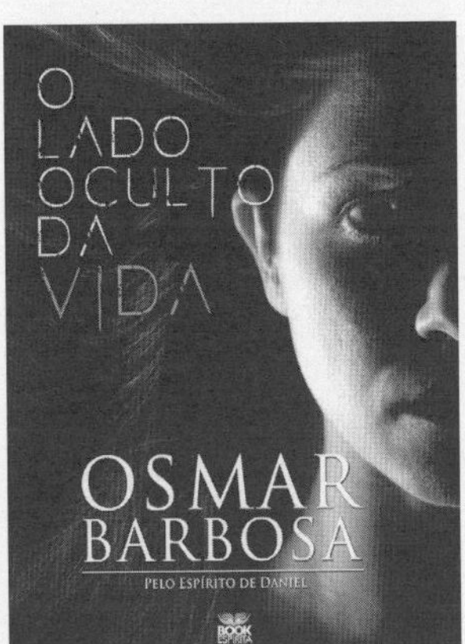
O
LADO
OCULTO
DA
VIDA
OSMAR
BARBOSA
PELO ESPÍRITO DE DANIEL
BOOK ESPÍRITA

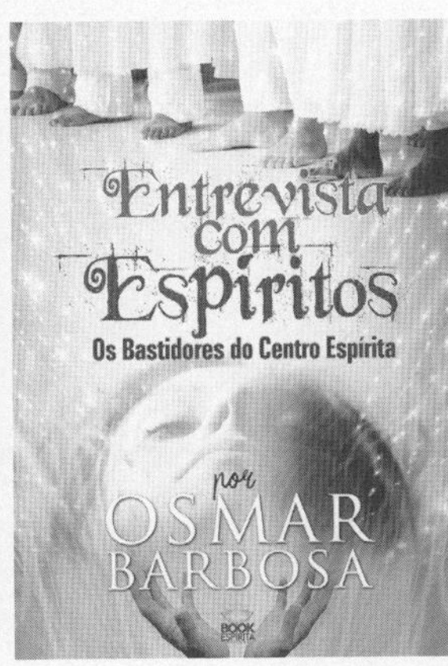
Entrevista com Espíritos
Os Bastidores do Centro Espírita
por
OSMAR
BARBOSA
BOOK ESPÍRITA

Entre Nossas
Vidas
OSMAR
BARBOSA
Pelo Espírito de Nina Brestonini

Colônia Espiritual
Amor & Caridade
Dias de Luz
OSMAR
BARBOSA

O Médico de
Deus
OSMAR
BARBOSA
Pelo Espírito de Nina Brestonini

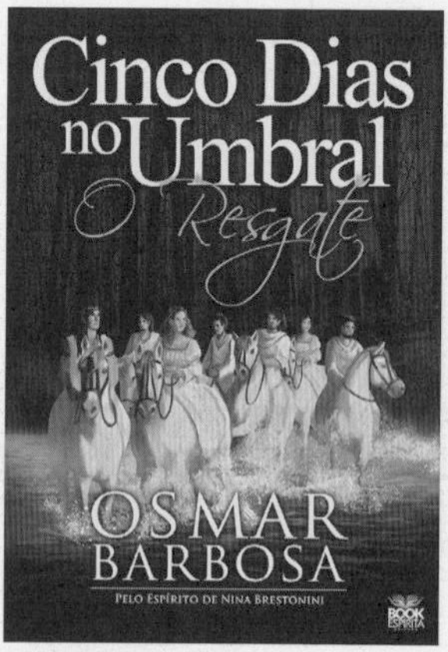
Cinco Dias
no Umbral
O Resgate
OSMAR
BARBOSA
Pelo Espírito de Nina Brestonini

OSMAR
BARBOSA
Pelo Espírito de Lucas
Amigo
Fiel

UMBANDA
PARA
INICIANTES
OSMAR
BARBOSA

VINDE A MIM
O Evangelho no Lar
OSMAR
BARBOSA
Pelo Espírito de Daniel

IMPUROS
A Legião de Exus
OSMAR
BARBOSA
Pelo Espírito de Lucas

Acordei no
UMBRAL
OSMAR
BARBOSA
Pelo Espírito de Lucas

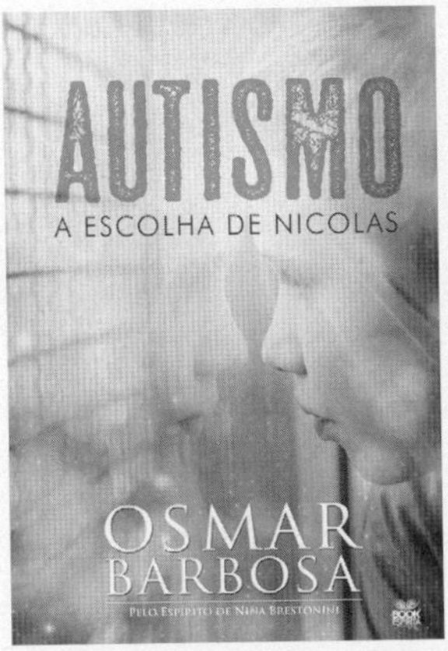
AUTISMO
A ESCOLHA DE NICOLAS
OSMAR
BARBOSA
PELO ESPÍRITO DE NINA BRESTONINI

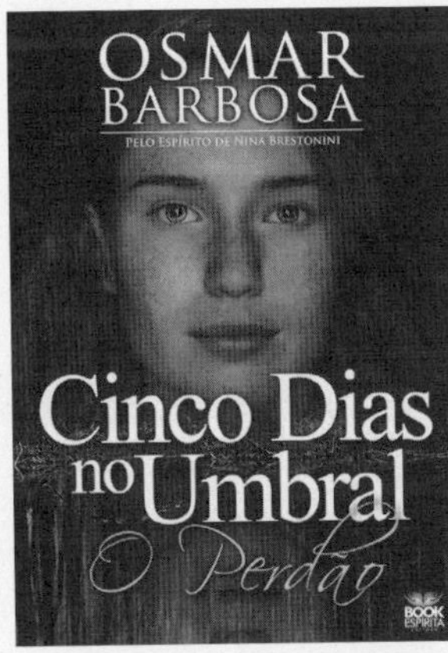
OSMAR
BARBOSA
PELO ESPÍRITO DE NINA BRESTONINI
Cinco Dias
no Umbral
O Perdão
BOOK ESPÍRITA

pelo Espírito NINA BRESTONINI
DEIXE-ME Nascer
OSMAR BARBOSA

OSMAR BARBOSA
PARAFRASEANDO
CHICO
XAVIER
Seleção das mais belas frases
de Chico Xavier
BOOK

pelo Espírito LUCAS
OBSESSOR
OSMAR BARBOSA
BOOK ESPÍRITA

A
Vida
depois da
Morte
OSMAR BARBOSA
pelos Espíritos NINA BRESTONINI e LUCAS

ROMANCE ESPÍRITA
A ROSA
DO CAIRO
OSMAR
BARBOSA
PELO ESPÍRITO DE NINA BRESTONINI
BOOK

pelo Espírito JONAS
REGENERAÇÃO
UMA
NOVA
ERA
OSMAR BARBOSA
BOOK ESPÍRITA

pelo Espírito NINA BRESTONINI
DEAMETRIA
HOSPITAL AMOR & CARIDADE
HAC
OSMAR BARBOSA
BOOK

DEAMETRIA
A Desobsessão Modernizada
OSMAR BARBOSA
pelo Espírito CABOCLO VENTANIA

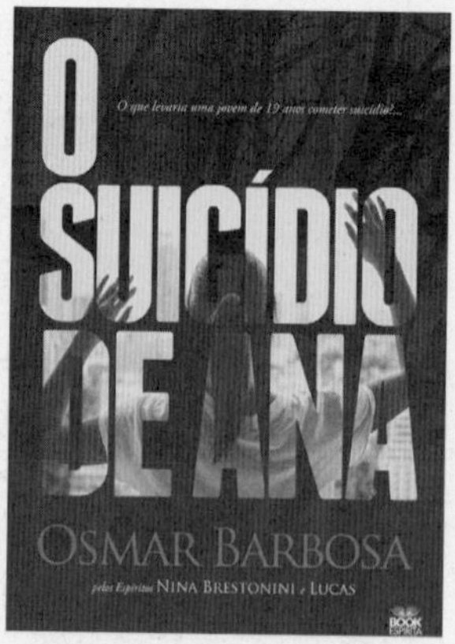
O
SUICÍDIO
DE ANA
O que levaria uma jovem de 19 anos cometer suicídio?...
OSMAR BARBOSA
pelos Espíritos NINA BRESTONINI e LUCAS

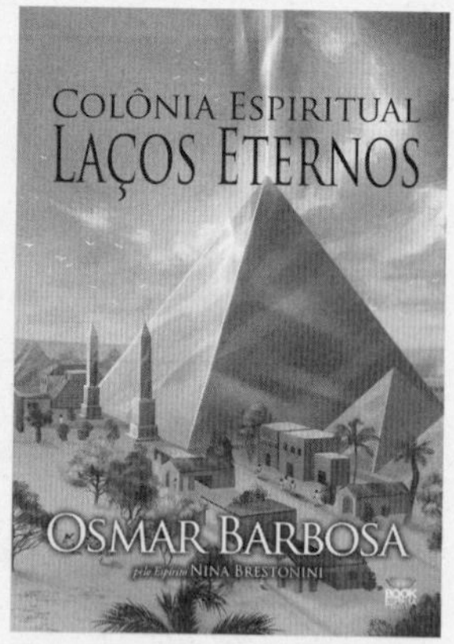
COLÔNIA ESPIRITUAL
LAÇOS ETERNOS
OSMAR BARBOSA
pelo Espírito NINA BRESTONINI

GUARDIÃO
EXU
OSMAR BARBOSA
pelo Espírito LUCAS

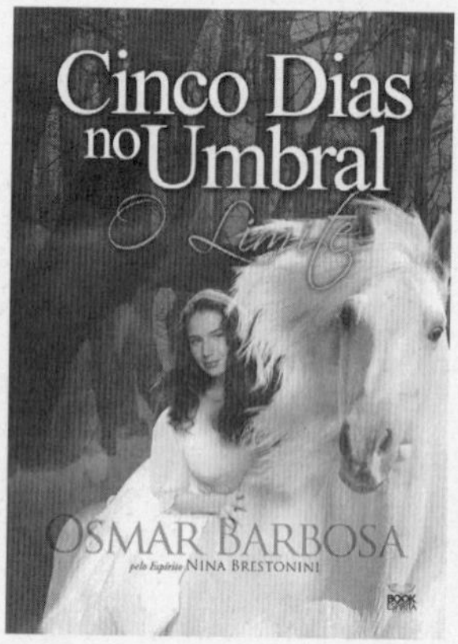
Cinco Dias
no Umbral
O Limite
OSMAR BARBOSA
pelo Espírito NINA BRESTONINI

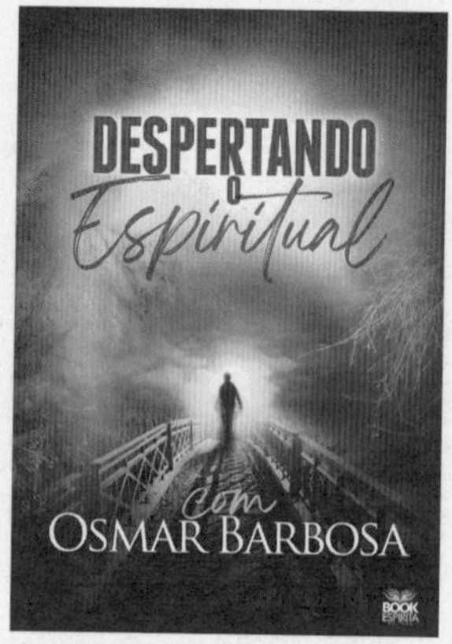
DESPERTANDO
o
Espiritual
com
OSMAR BARBOSA

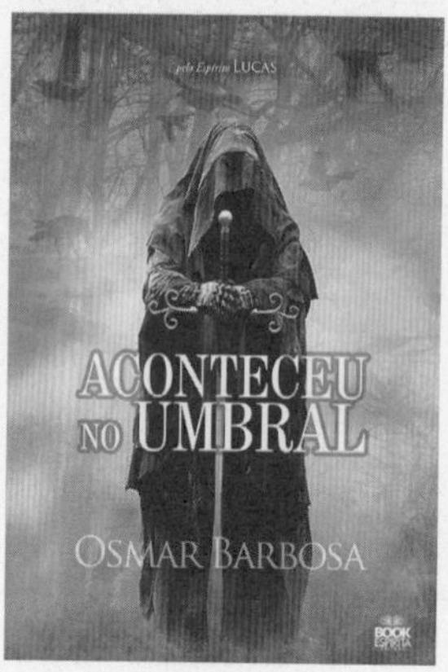
pelo Espírito LUCAS
ACONTECEU
NO UMBRAL
OSMAR BARBOSA

Por que
VOCÊ MORREU?
OSMAR BARBOSA
pelo Espírito NINA BRESTONINI

OSMAR BARBOSA
O
DIÁRIO
de um
SUICIDA
pelo Espírito LUCAS

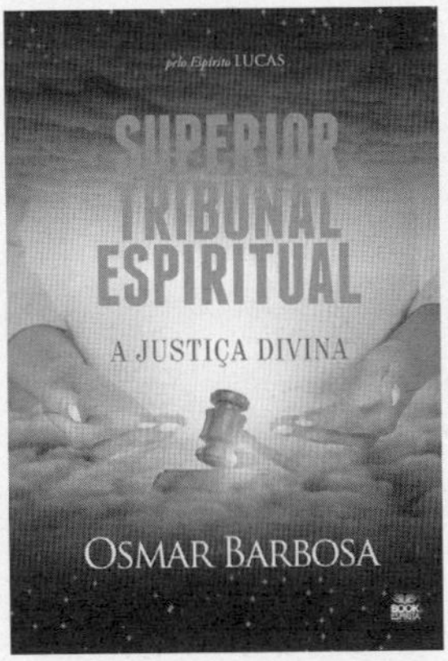
pelo Espírito LUCAS
SUPERIOR TRIBUNAL ESPIRITUAL
A JUSTIÇA DIVINA
OSMAR BARBOSA

pelo Espírito LUCAS
UM ESPÍRITA NO UMBRAL
OSMAR BARBOSA

Esta obra foi composta na fonte Century751 No2 BT, corpo 13.
Rio de Janeiro, Brasil.